幸せへと導く

仏様事典

あなたに救いをもたらす66尊の仏天たち

CR&LF研究所 編著
中川 学 画

マイナビ

はじめに

本書は、『幸せが授かる日本の神様事典〜あなたを護り導く97柱の神々たち〜』(2020年8月文庫刊行)の姉妹本として制作されました。

神様と同様、仏様は私たち日本人にとって、とてもなじみの深い存在です。特定の宗教をもたないといわれる日本人ですが、葬儀や法要、お盆、お彼岸などの葬祭にまつわる行事や先祖供養の習慣、除夜の鐘など、暮らしの中には様々な仏教行事が根付いています。仏様は、宗教という枠を超えて私たちの心と生活に寄り添う、身近でありながらも尊い存在なのです。

そこで、本書では、古くから日本人の生活を見守り、お導き続けてくださっている66尊の仏様たちを、逸話やプロフィール、役割を交えながら紹介しています。また、それぞれがお祀りされているお寺の紹介や簡単なワークなどと併せて、この本の読者のために、66尊の仏様たちからのメッセージも受け取り掲載しています。

今回もこの本作りを通して、様々な知識や学びをいただきました。『幸せが授かる日本の神様事典』に引き続き、このように仏様に携わるという機会をいただいたということは、日本人としてとても意義深いことだと感じています。また、仏様たちの魅力を新しい形で伝えるというお役目を授かったことは、私自身、そして我々CR&LF研究所にとっても、ひとつのエポックメイキングな出来事であり、偶然のことではないように思えます。

この本を通して、多くの高次のエネルギーやメッセージと触れ合い、あなたの中の日本人としての意義を再認識し、また、これからの人生に、光と慈悲をもたらすような体験となれば幸いです。

み仏のご加護と恵みをあなたに。

CR&LF 研究所／月音

もくじ

本書の使い方

本書の第二部（P27〜P233）には、「仏様プロフィール」として、様々な仏様たちを紹介しています。それぞれの内容は下記のとおりです。ぜひご活用ください。

月光菩薩《がっこうぼさつ》

日光菩薩と対で
薬師如来を守る

PROFILE

別名◉月光遍照菩薩、月浄菩薩
所属◉薬師三尊
キーワード◉月の光

東大寺（奈良）、道成寺（和歌山）

データ

イメージイラスト、別名、所属、キーワード、お祀りされている寺（都道府県順）を項目に分けて紹介しています。

特徴・逸話

ここでは各種文献や伝説などで描かれた、仏様の物語や伝承を中心に紹介しています。

薬師如来の脇侍で月の光を象徴

　月光菩薩《がっこうぼさつ》は、月の光を象徴する仏で、大乗仏教の経典、薬師経に登場します。苦痛や煩悩を滅した境地と穏やかな慈悲心を示す菩薩で、単体で祀られることはなく、薬師如来の脇侍※として日光菩薩《にっこうぼさつ》と対になって薬師三尊を構成します。月光菩薩と日光菩薩は、共に薬師瑠璃光浄土《やくしるりこうじょうど》に住み、薬師如来の教えを伝え守る役割を果たしているとされています。

　造像としては、座像や立像、合掌像など様々な形が取られますが、必ず日光菩薩と対で薬師三尊の一尊として作られます。一般的には日光菩薩が薬師如来の左、月光菩薩が右に配され、日光菩薩が右手を上げて左手を下げると、月光菩薩が左手を上げるといった対称的な姿勢が取られます。しばしば上げた方の手の親指と人差指で輪を作り、宝冠と持物《じもつ》に月輪をつけた姿で表わされますが、月輪のある蓮華を持つこともあります。

メッセージ

「月はあなたの心の側面を表します。あなたの心身を苦しめ、現実を滞らせている原因は、心の影に溜め込んでしまった欲望、怒り、執着です。心に光をあて、勇気を出してその存在を認めましょう。不必要なものを開放してください」

メッセージ

この本の読者のために、仏様から贈られた心を満たすメッセージを紹介しています。

Column
01

日本仏教と仏様の種類

宗派によって分かれる仏様
日本仏教に登場する仏様の種類を紹介します

仏教の経典は、文字ばかりの難解なものでした。そこで教えを目に見える形に表したのが仏像です。日本仏教の各宗派では、礼拝の対象となる仏像は様々です。たとえば、臨済宗《りんざいしゅう》・曹洞《そうとう》宗《しゅう》の禅二宗は釈迦如来《しゃかにょらい》ですし、浄土宗・浄土真宗と天台宗は阿弥陀如来《あみだにょらい》、真言宗は大日如来《だいにちにょらい》といった具合です。日蓮宗では妙法蓮華経《みょうほうれんげきょう》自体を礼拝します。礼拝仏が違う根本の理由は、日本に伝わったのが大乗仏教だからです。大乗仏教では、仏を信仰すればその力で皆が救われるとして、釈迦如来以外に多くの如来や菩薩《ぼさつ》が考え出され、教典を通して広まっていきました。

日本仏教の開祖たちもそういった経典を学びながら、自分の仏教観を作り上げていったのです。どの経典を信仰の手段として選んだかにより、ご本尊とする仏様が違います。ただし、「すべては一体であり、分けられない」という仏教的な解釈をすれば、どの仏様を祀っていても、真理そのものを象徴した大日如来が変身したものとなり「涅槃寂聴《ねはんじゃくちょう》」という最終目的も変わらないのです。

第一部　仏様の基礎知識

仏教とは

お盆や法事・お墓参りなど、数ある宗教の中でも仏教は私たち日本人にとって馴染みがあるものだといえるでしょう。大まかな仏教の概要についてみてみましょう。

仏教と日本人

仏教は、紀元前五世紀頃にインドで仏陀《ぶっだ》（釈迦《しゃか》）によって開かれた宗教です。キリスト教、イスラム教と並ぶ世界三大宗教のひとつで、アジアを中心におよそ三億八千万人の信者をもつとされています。インドではじまった仏教は、およそ千年という時間をかけて、インドからアジア大陸を経て中国、朝鮮半島、そして六世紀中頃に日本へと伝わりました。

仏教は私たち日本人にとって、心の支えとなる宗教であると同時に、生活の中に溶け込んだ文化そのものでもあります。現在、日本には約八千四百万人の仏教信者がいるとされていますが、習慣や文化の面から考えると、仏教はさらに多くの日本人の日常に影響を与えているといえるでしょう。

仏教は、日本に伝わって以来、様々な時代を経て、日本の精神風土や土壌のなかでもともとあった信仰や習俗と融合し、日本独自の方向性をもって発展していきます。そして、多くの寺院、多くの仏像、多くの経典、教えなどが歴代の僧たちによって今日まで護られてきました。

現在日本には、天台宗《てんだいしゅう》、真言宗《しんごんしゅう》、浄土宗《じょうどしゅう》、華厳宗《けごんしゅう》、日蓮宗《にちれんしゅう》など八宗十三派と呼ばれる大宗派をはじめ、多くの仏教の宗派が存在します。それらの説く教義や修行法は様々ですが、仏陀を始祖とし、悟りや解脱《げだつ》を目指すことには変わりはありません。

ここでは、仏教の普遍的な考え方や、その根底にある教えはどのようなものであるかを見ていきましょう。

仏教が説く世界観

仏教は、現実に目を向け、そこにある人間の心の苦悩、すなわち煩悩《ぼんのう》を省みることを出発点とします。煩悩のもとは無常なものに対する執着であり、この世を苦しみと迷いの世界ととらえ（一切皆苦《いっさいかいく》）、苦行にも悦楽にも偏ることのない正しい実践（八正道《はっしょうどう》）によって、苦しみから抜け出ることが可能であると説きます。さらには、迷い悩む生きとし生けるものすべてを救うことを目指します。仏教全体は、この世に偶然起こることは何もないという基本の考え方の上に成り立っています。その特徴的な教えとして、諸行無常印《しょぎょうむじょういん》・諸法無我印《しょほうむがいん》・涅槃寂聴印《ねはんじゃくじょういん》という三つの根本思想（三法印《さんぼういん》）があります。

　まず、永遠に変わらないものは存在せず、すべては変化消滅すると「無常」を説き、永久不滅の自我はないと「無我」を主張します。そしてあらゆるものの存在のしくみを「縁起《えんぎ》」で説明します。一切のものは相対的な存在で、絶対的なものはないという点は、絶対神を崇めるキリスト教との大きな違いでしょう。

　また、人々が現世の生活規範を整え正すことにより、生まれ変わりのくり返し（輪廻転生《りんねてんせい》）を断ち（解脱《げだつ》）、一切の苦しみから解き放たれた安らぎの境地（涅槃《ねはん》寂聴《じゃくちょう》）を目指すとしました。

　このように人間の生き方を人間自身の内側に根ざして観ていくところに仏教の最大の特徴があります。救いを神（超越的存在）のような己の外にあるものに求めず、個々人の実践により実現されるものと説くところが、ほかの宗教とは大きく異なるところです。その点において仏教は信仰というよりも、生きるための哲学といってもよいかもしれません。

仏教の教えには、悲しみを乗り越え幸せになるための心得があります。それは、お金持ちにも貧乏人にも、身分の高い人にも低い人にも、教育がある人にもない人にも、すべての人種、男にも女にも、子供にも、過去、現在、未来と時代と場所を超えて通用するもの（真理）です。そこに超人的な難行は何も必要ありません。

誰もが仏になれる

仏陀が現れてから千年以上の間に、教えは様々に解釈され、多くの経典ができました。主な経典には『般若経《はんにゃきょう》』『法華《ほけ》経《きょう》』『阿弥陀経《あみだきょう》』などがあります。また、経典の受けとめ方によりいろいろな宗派が現れ、数々の変化があり、各地で多種多様な仏教が成立しました。時代が下るにしたがって仏教には呪術的な要素も加わっていきましたが、人々を真理に導くための教えが根底にあることには変わりはありません。

「仏陀」とは「真理に目ざめた人」という意味です。裏をかえせば、真理に目ざめた人であれば、誰でも「仏陀」になれるのです。仏教は、仏陀の教えであると共に、私たち皆が悟りを開き、仏陀になるための教えであるともいえるでしょう。

仏教の起源と歴史

紀元前五世紀に仏陀によって生み出された仏教は、インド国内で分裂を繰り返し、二種の大きな部類に分かれていきます。

仏教の誕生

　今から約二五〇〇年前（紀元前五世紀頃）インドのカピラ国の王子であったゴータマ・シッダールタ（釈迦《しゃか》）は、生《しょう》老病死《ろうびょうし》の苦しみに思い悩み、二十九歳で妻子を捨てて山林の苦行生活に入りました。しかし、六年間の修行を経て、苦行が悟りへの道ではないことに気づいたシッダールタは、菩提樹《ぼだいじゅ》の下で瞑想して悟りを開き、以後仏陀《ぶっだ》（真理に目ざめた人）と呼ばれるようになります。やがて仏陀が人々に悟りへの道を伝えはじめたことが、仏教のはじまりです。

　当時のインドは経済発展期で、仏陀の教えは為政者や富裕層に支持されました。

弟子が増え、教団が作られはじめると、熱心な支援者は布教拠点を提供しました。竹林精舎《ちくりんしょうじゃ》や祇園精舎《ぎおんしょうじゃ》はそうしてできた寺院の原型で、現在は聖地となっています。

仏陀が教えを説いていたとき、仏教には経典はありませんでした。仏陀の死後、弟子たちは、集まって自分が受けた教えを口頭で伝え合います（結集《けつじゅう》）。やがて、教えを経典としてまとめ、また、仏像として、目に見える形にわかりやすく表すようになりました。

大乗仏教の興《おこ》り

紀元前三世紀後半、経典の解釈の違いなどから対立が起こって、教団は二十近くに分裂し、それぞれ独自に活動しはじめます（部派《ぶは》仏教）。紀元前一世紀頃になると、戒律に保守的な上座部《じょうざぶ》仏教、教典解釈に固執《こしつ》する部派仏教に対し、信仰の実践を重視する「大乗《だいじょう》仏教」が興《おこ》ってきました。上座部仏教は、口伝で伝えられた仏陀の教えを成文化した三蔵《さんぞう》（経《きょう》・律《りつ》・論《ろん》の三つの経典）を重んじます。それに対して、大乗仏教は他者の救済の実践を重視し、現世で徳を積むことを優先しました。さらに五〜六世紀には密教が興りますが、その頃から十一世紀頃にかけて仏教の弾圧があり、インド国内で仏教は次第に衰退していくのです。

◉仏教年表

前428年頃	仏陀、悟りを開く（35歳のとき）
前383年頃	第1回結集
前283年頃	第2回結集
前268年	インドでアショーカ王が即位
前244年頃	第3回結集
前3世紀後半	教団分裂
紀元前後	大乗仏教が興る
1世紀頃	中国に仏教が伝わる
1世紀頃	インドのガンダーラで仏像がつくられる
4世紀後半	朝鮮半島に仏教が伝わる
414年	中国僧の法顕《ほっけん》がインドより教典を持ち帰る
5～6世紀	インドで密教が興る
538年	日本に仏教が伝わる
645年	中国僧の玄奘《げんじょう》（「西遊記」三蔵法師のモデルとなった人物）がインドより教典を持ち帰る
794年頃	日本で宗派分裂がはじまる
13世紀	インドで仏教がほぼ消滅
1959年	チベットのダライ・ラマ14世がインドに亡命

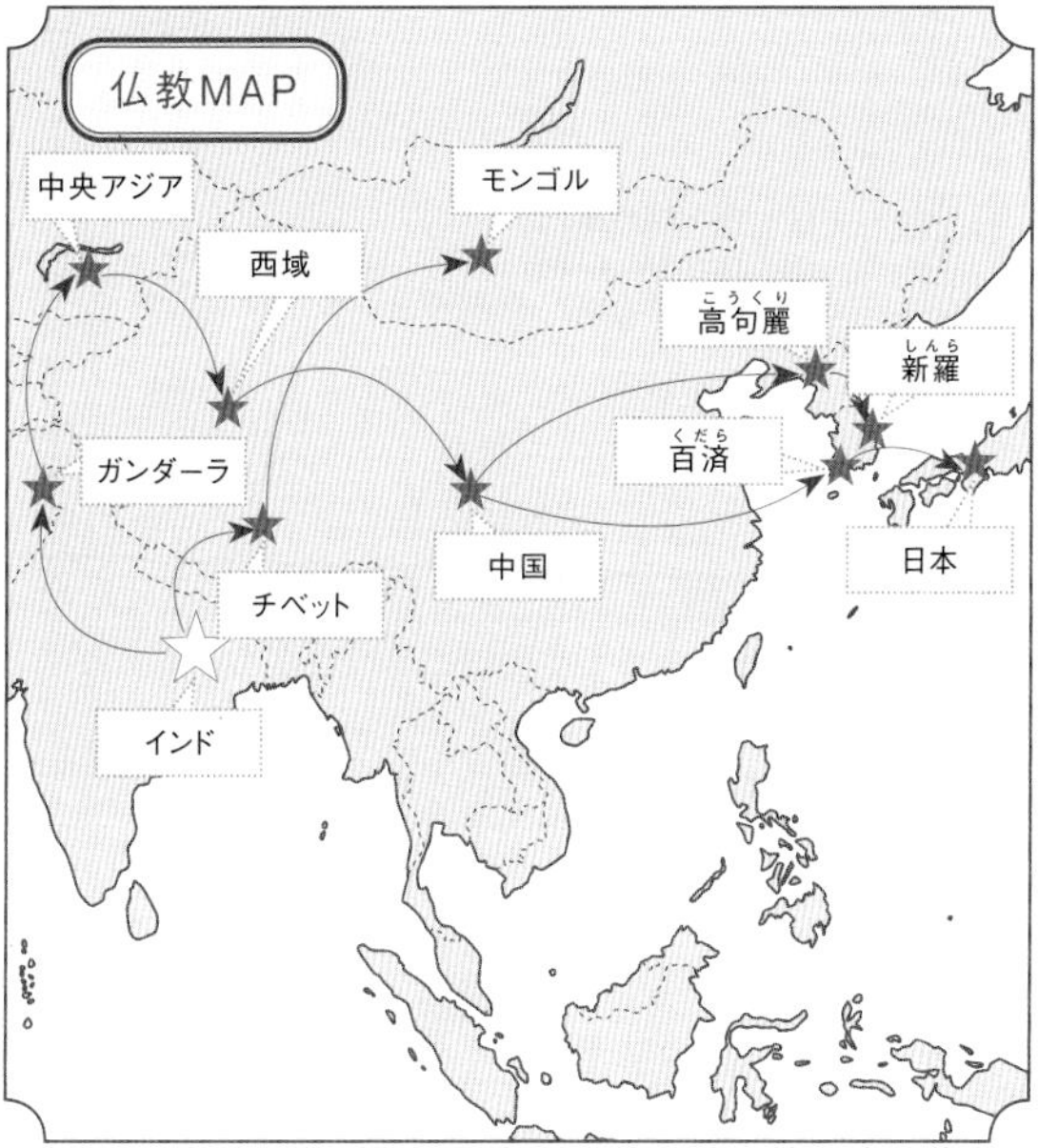
仏教MAP
中央アジア
モンゴル
西域
高句麗《こうくり》
新羅《しんら》
ガンダーラ
百済《くだら》
チベット
中国
日本
インド

海外における仏教の発展

北インドを中心に広がっていった仏教は、様々な宗派に分かれ、混ざり合いながらアジア全域に流布していきました。

国外への伝播

上座部《じょうざぶ》仏教と大乗《だいじょう》仏教の二派に大きく分離した仏教は、スリランカ、北インド、中国の三つのルートでアジア全域に広がっていき、多くの文化を潤しながら、各地に力強く浸透していきました。

二派の仏教は、インドから当時の交易ルートを辿ってそれぞれ別の流れで国外へと伝わっていきます。

上座部仏教は南伝仏教とも呼ばれ、東南アジア地域の海岸沿いに勢力を伸ばしていきます。紀元前三世紀にはスリランカに伝わり、国の庇護を受けながら発展。その後、ビルマ（ミャンマー）・タイ・カンボジア・ラオスなど東南アジアに伝わり受け継がれていきます。

それに対して、インドからシルクロードを経由して中国・チベット・ベトナム・韓国・日本などの北ルートで伝わった大乗仏教は、北伝仏教とも呼ばれます。

このように海外で定着していく一方で、インド国内の仏教はヒンズー教に押され、十三世紀頃にはほとんど消滅してしまいます。以後、仏教はアジア各地で独自の発展を遂げることになるのです。

中国の十三の仏教学派

中国の仏教は、新しい哲学として知識層に受け入れられました。教義の紹介のためにたくさんの経典が持ち込まれ、渡来僧により次々と漢訳されました。五世紀には法顕《ほっけん》が、また七世紀には玄奘《げんじょう》がインドへ赴き、多くの経典を持ち帰っています。しかし、訳本が増えるにつれ、内容の矛盾も目立つようになりました。

その結果、重視する教典やその解釈の違いにより、たくさんの学派が生まれました。それらを大きく十三系統に分けたのが「十三宗」と呼ばれています。また、中国における仏教は、古来の儒教や道教との類似を積極的に説き、古びたそれらの教義の刷新をはかりながら、社会に適するように融合していきました。

朝鮮半島とチベットの仏教

　四世紀後半からの約四十年間の間に、仏教は朝鮮半島へ、高句麗《こうくり》・百済《くだら》・新羅《しらぎ》の順で伝来しました。三国からは多くの僧が中国に留学して教義を学び、帰国後に編纂《へんさん》した仏教書が中国に逆輸入されるなど、仏教の興隆に尽くしました。しかし、十四世紀に成立した朝鮮（李朝《りちょう》）は儒教を国教に定めたので、仏教は朝鮮では急激に衰退していきました。

　一方、チベット仏教は、インドの後期大乗仏教を最も忠実に受け継いだ仏教です。七世紀前半にチベットに伝来し、土着信仰のポン教と対立しつつ定着しました。チベット仏教の最高の指導者とされるラマ（師僧）は、同時に政治の指導者でもあり、政教一致の伝統を作ったのが、この仏教の最大の特徴でもあります。

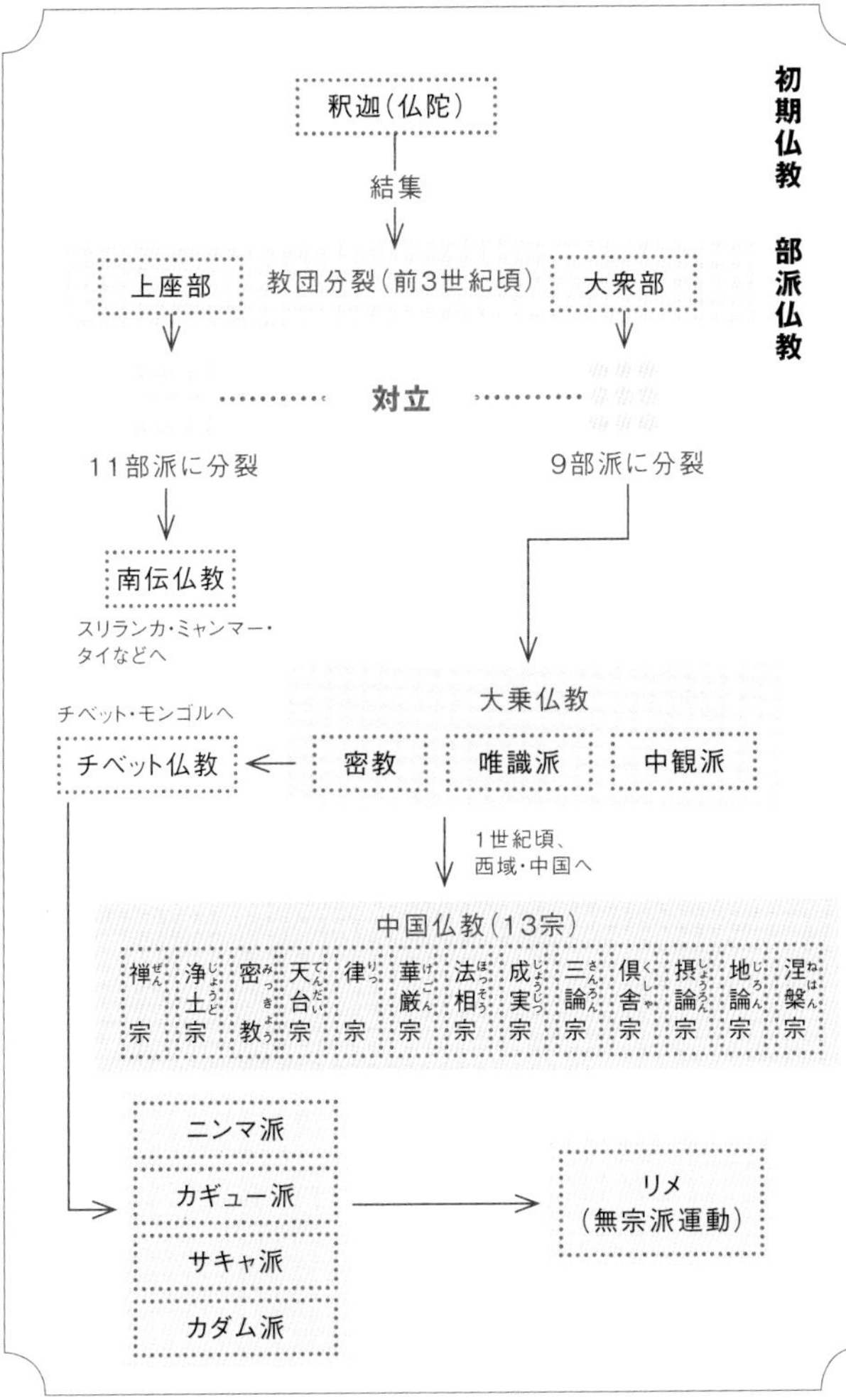
初期仏教
部派仏教
釈迦(仏陀)
結集
教団分裂(前3世紀頃)
上座部
大衆部
対立
11部派に分裂
9部派に分裂
南伝仏教
スリランカ・ミャンマー・タイなどへ
大乗仏教
チベット・モンゴルへ
チベット仏教
密教
唯識派
中観派
1世紀頃、西域・中国へ
中国仏教(13宗)
禅《ぜん》宗
浄土《じょうど》宗
密教《みっきょう》
天台《てんだい》宗
律《りつ》宗
華厳《けごん》宗
法相《ほっそう》宗
成実《じょうじつ》宗
三論《さんろん》宗
倶舎《くしゃ》宗
摂論《しょうろん》宗
地論《じろん》宗
涅槃《ねはん》宗
ニンマ派
カギュー派
サキャ派
カダム派
リメ
(無宗派運動)

日本の仏教と宗派

奈良時代に伝来した仏教は、各時代を経て様々な宗派を創出。鎌倉時代には広く庶民にも信仰されていきます。

平安仏教をリードした最澄《さいちょう》と空海《くうかい》

日本に仏教が伝来してから平安時代初期までは、日本の仏教に宗派はありませんでした。そこに変化が現れたのは、唐で共に仏教を学んだ最澄《さいちょう》と空海《くうかい》の主張の違いからといわれています。最澄は自分の教義は実践重視の大乗《だいじょう》仏教であるとし、比叡山《ひえいざん》で日本天台宗《てんだいしゅう》を開き、自由に学問ができる場を作り後輩を育てました。一方、空海は自分の教義は釈迦《しゃか》から伝えられた秘密の教えで、真の仏教には文字で顕《あらわ》せない何かがあると強調しました。このような差別化が、宗派という概念につながっていきます。二人が教義を深めていく一方で、平安貴族は仏教に現世利益《げんせいりえき》のための加持祈祷《かじきとう》を求めました。

社会を反映した仏教改革

平安時代末期から鎌倉時代になると、武士階級が台頭《たいとう》し、戦乱に明け暮れます。また天変地異が相次いで、人々の不安は増大していました。そこで武士や庶民の求めに応じるために、わかりやすく新しい仏教の流れが出てきました。修行生活を見直そうとした禅宗、念仏を唱えて阿《あ》弥陀如来《みだにょらい》に救いを求める浄土宗、法華経《ほけきょう》信仰の日蓮宗などです。

室町時代になり、武家文化を背景に栄えたのは、禅宗の臨済宗《りんざいしゅう》でした。足利《あしかが》義満《よしみつ》は中国の宋にならい、臨済宗における秩序を正そうとして、京都、鎌倉の五山《ござん》という五つの寺院を最高位に定めます。やがて五山は次第に貴族化し、政治や文化の拠点となっていきました。一方、禅宗のうちの曹洞宗《そうとうしゅう》は、地方の大名や農民の間で広まり、民衆の間に根を張っていきました。その信仰は呪術的でご利益《りやく》祈願中心のものでした。

江戸時代になると、厳格な統制政策（本末《ほんまつ》制度）や寺請制度《てらうけせいど》がとられ、寺院は徳川幕府の管理下に置かれました。その結果、寺院は経済的安定を保証され、檀家《だんか》の葬儀や法事を行なうことが定着しました。

日本仏教を代表する13の宗派

名称	開祖	特色
法相宗《ほっそうしゅう》	道昭《どうしょう》	「人はなぜ悟れず迷うのか」を研究しすべては自分の心の投影であり、過去の経験から生まれてくると説く。
華厳宗《けごんしゅう》	良弁《ろうべん》	本質からみれば、あらゆる物事は一体であるとする。小さなものの中にも無限の世界が存在すると説く。
律宗《りっしゅう》	鑑真《がんじん》	悪事を断じる、善行を行なう、衆生を救うことの三つを守ることが修行にふさわしいと説く。
天台宗《てんだいしゅう》	最澄《さいちょう》	宇宙にはたったひとつの真理があり、仏には永遠のいのちがある。人には悟りがあるものだと説く。
真言宗《しんごんしゅう》	空海《くうかい》	密教の行法を行なえば、人の心は仏と通じ合い浄化されて成仏できると説く。
浄土宗《じょうどしゅう》※	法然《ほうねん》	一途に阿弥陀仏の名を称名《しょうみょう》念仏をすれば、往生できる。
浄土真宗《じょうどしんしゅう》※	親鸞《しんらん》	阿弥陀の本願である念仏にすべてを任せるべきだと説く。(他力本願《たりきほんがん》)
時宗《じしゅう》	一遍《いっぺん》	一人ひとりが念仏を口に出すことで往生に至るとし、踊り念仏を勧めた。(口称念仏《くしょうねんぶつ》)
融通念仏宗《ゆうずうねんぶつしゅう》	良忍《りょうにん》	ひとりの唱える念仏の功徳が一切人の功徳となり、一切人の唱える念仏がまた一人ひとりの功徳《くどく》となるとする。
臨済宗《りんざいしゅう》※	栄西《えいさい》	禅をおこすことは国を守ることに等しいと説く。(興禅護国《こうぜんごこく》)
曹洞宗《そうとうしゅう》※	道元《どうげん》	ひたすら無心に座禅をする、それ自体が悟りであるとする。(只管打坐《しかんたざ》)
黄檗宗《おうばくしゅう》	隠元《いんげん》	念仏と禅の一体化を説く。教義などは臨済宗とほぼ同じ。
日蓮宗《にちれんしゅう》※	日蓮《にちれん》	法華経を正しく信仰すれば国は安定すると説く。(立正安国《りっしょうあんこく》)

※印は鎌倉新仏教

第二部　仏様プロフィール

第一章 如来《にょらい》

あまたの仏様の中でも
最高位にある仏が如来《にょらい》。
真理の世界からやってきて、
私たちを悟りへと導きます。

仏の世界

西方
極楽世界

現世

東方
浄瑠璃世界

阿弥陀如来《あみだにょらい》
（36ページ）

釈迦如来《しゃかにょらい》
（40ページ）

薬師如来《やくしにょらい》
（60ページ）

五智如来《ごちにょらい》

密教の「五智」にあてはめられた五尊の仏。
大日如来を中心に東西南北に配される

北 不空成就如来《ふくうじょうじゅにょらい》
すべてを救う方法を知る智、成すべきことを成就させる智恵

西
阿弥陀如来《あみだにょらい》
すべてを正しく観察する智、見極める智恵
（36ページ）

大日如来《だいにちにょらい》
（44ページ）
「最高の智、宇宙の真理」

東
阿閦如来《あしゅくにょらい》
すべてを映し出す智、正しく照らす智恵
（32ページ）

南 宝生如来《ほうしょうにょらい》
すべての存在を平等にみる智、平等性の智恵（56ページ）

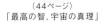

最高の境地に至った仏

仏は、大きく如来《にょらい》、菩薩《ぼさつ》、明王《みょうおう》、天《てん》などの部類に分けられ、それぞれ特有の役割やキャラクターをもっています。また、仏界は明確な階級に分けられていて、その中でも如来は、最高の境地に達した存在として崇められています。いわば、仏界の総指揮者のような存在で、真理の体現者として人々を見守り衆生《しゅじょう》と導く役割をもっています。

如来は、サンスクリット語で「真実からきた者」という意味をもっています。すべての修行を終えて、完全な悟りの境地に入っており、完璧な人格をもった存在であるとされます。如来は釈迦《しゃか》の異名でもあり、「仏」と「如来」は同じ意味で本来「仏」と呼べるのは如来のみです。

仏教の中心で活躍する様々な仏たち

如来の筆頭にくるのは、悟りを開いて教えを広めた仏教の開祖、釈迦如来《しゃかにょらい》です。釈迦（仏陀《ぶっだ》）を仏として表したものが釈迦如来で、日本でも仏教伝来と共に信仰を集め、造像されました。ゆえに釈迦如来像はすべての仏像の起源として、そのモデルとなっています。

仏の世界では、釈迦如来が現世で衆生の教化にあたり、東方の浄瑠璃世界《じょうるりせかい》を薬師如来《やくしにょらい》が、西方の極楽世界《ごくらくせかい》を阿弥陀如来《あみだにょらい》が治めているとされています。また、密教では、大日如来《だいにちにょらい》の五つの智恵を分担する五尊の如来（五智如来《ごちにょらい》）がいて、宇宙の根源とされる大日如来を中心に、四方に、阿閦如来《あしゅくにょらい》、宝生如来《ほうしょうにょらい》、阿弥陀如来《あみだにょらい》、不空成就如来《ふくうじょうじゅにょらい》の四尊の如来たちが配置されています。

阿閦如来《あしゅくにょらい》

日本ではなじみ薄くも
インドで主尊扱いの仏

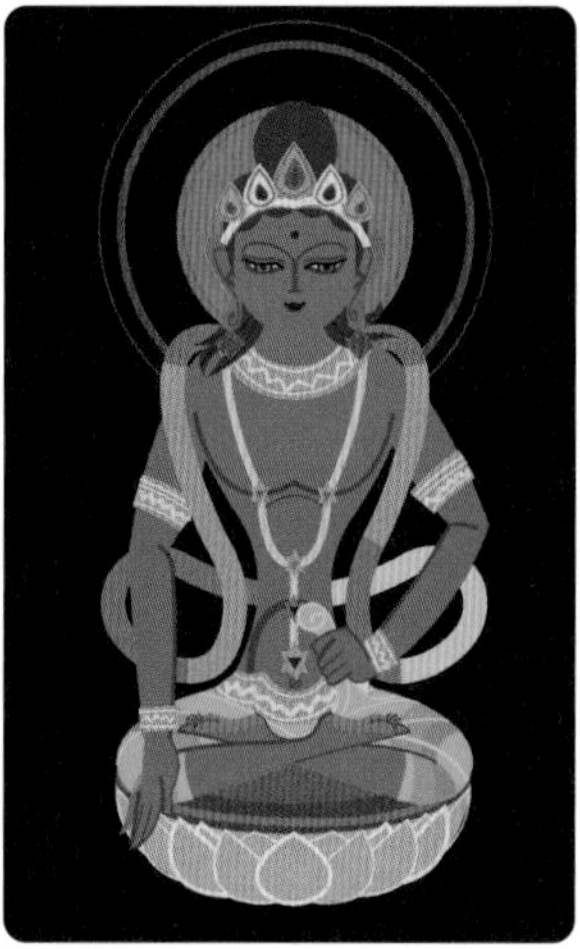

PROFILE

別名⦿不動如来、無動如来
所属⦿金剛界五智如来、十三仏
キーワード⦿東方、誘惑や障害に打ち勝つ

覚園寺（神奈川）、東寺（京都）、法隆寺（奈良）、金剛峯寺（和歌山）

万物を正しく照らす智恵をもつ

阿閦如来は、不動の菩提心を司り、真理を求める人の強い心を育み護る大乗仏教の仏です。すべてを正しく照らし、誘惑や障害に打ち勝つ力を与えます。

密教の最高仏・大日如来とその四方を囲む如来からなる金剛界五智如来《こんごうかいごちにょらい》の一尊で、大日如来の東方に位置し、「大円鏡智」※を象徴。金剛界と並んで密教の世界観を表す胎《たい》蔵界曼荼羅《ぞうかいまんだら》における、五仏の東方・宝幢如来《ほうどうにょらい》と同体であるとも考えられています。

名前は「揺るぎない」という意味をもち、悟りを得る境地が堅固であり、戒を厳しく律し、いつも心が乱れ揺れることなく、怒りを表すこともないことから、不動如来《ふどうにょらい》、無動如来《むどうにょらい》とも呼ばれます。

像としては、右手は手の甲を外側に向けて下げ、指先で地に触れる触地印《そくじいん》を結んでいます。日本国内では、単独ではなく五智如来《ごちにょらい》のひとつとして造像されることがほとんどです。

※大円鏡智（だいえんきょうち）…丸く大きな鏡に万物が映るようにすべてを正しく照らす智恵

七回忌や毎月四日を司る仏

故人の守護本尊※となる仏（仏陀と菩薩）として日本独自に定められた十三仏《じゅうさんぶつ》のうち、七回忌を司るのが阿閦如来です。六年目の命日の供養本尊として、煩悩を打ち砕き、災難を払います。

また、中国で十世紀頃に生まれた三十日秘仏《さんじゅにちひぶつ》という考え方では、一ヶ月、一日から三十日の各日にそれぞれ一体の仏を配して礼拝し、現代でも縁日などの基礎とされています。この三十日秘仏では、阿閦如来は毎月の四日を司っていて、不動の菩薩心と共に、無病息災を授けるとされています。

インド仏教や後期密教では主尊に

日本では信仰の対象として単独で祀られることは少なく、金剛界曼荼羅《こんごうかいまんだら》の一尊として知られる程度の地味な存在である阿閦如来ですが、チベットなど、後期インド密教を採用した地域においては、主尊として強く信仰されています。

※守護本尊（しゅごほんぞん）…災難などから身を守ってくれる仏。十二支の干支ごとに定められ、その年に生まれた人を守る

後期インド密教の中核を担う経典である金剛頂経《こんごうちょうきょう》においては、阿閦如来は最高仏として位置づけられていました。そこから、阿閦如来を主尊として信仰する動きがチベットやブータン密教などへ広まっていったとされています。

一方、インドではヒンズー教の圧力により仏教が徐々に衰退していきますが、十一世紀に釈迦の口伝を編纂したとされるインド仏教の最後の経典となった「時輪《じりん》タントラ」が本尊とする阿閦如来は、男女合体像（男尊と女尊が抱き合った歓喜仏）の姿で曼荼羅に残されています。

メッセージ

「わたしは万物を照らす真理の光。正しき智恵をもって、あなたの内外に存在するすべての闇と混沌を打ち砕きます。闇は自己の中に潜む、恐れや不信から生まれます。あなたの中にはすでにあまたの智恵が授けられていることを忘れないでください。自身に宿る真理の光を用いて、心の闇を解き放ちましょう」

阿弥陀如来《あみだにょらい》

「南無阿弥陀仏」は
阿弥陀に頼る心の証

PROFILE

別名⦿無量寿仏、無量光仏
所属⦿金剛界五智如来、阿弥陀三尊、十三仏、胎蔵界王仏
キーワード⦿制限を解き放つ、救済

中尊寺（岩手）、高徳院（神奈川）、平等院（京都）、広隆寺（京都）、仁和寺（京都）、法界寺（京都）、三千院（京都）

西方極楽浄土で教えを説き続ける

阿弥陀如来《あみだにょらい》は、無限の光と深い慈悲であらゆる制限を解き放ち、人々を救う大乗仏教の仏です。

密教の最高仏・大日如来《だいにちにょらい》とその四方を囲む如来からなる金剛界五智如来《こんごうかいごちにょらい》の一尊で、大日如来の西方に位置し、「妙観察智」※を象徴。阿弥陀如来の梵名アミターバには「無限の光をもつもの」、アミターユスには「無限の寿命をもつもの」という意味があり、無量寿仏《むりょうじゅぶつ》・無量光仏《むりょうこうぶつ》とも呼ばれます。阿弥陀如来は、無明の現世をあまねく照らす光の仏とされ、空間と時間の制約を受けずに生きとし生けるものすべての極楽往生を叶えてくれるといわれます。

西方極楽浄土で人々を見守りながら教えを説き続け、どんなに罪深い人でも無限の光と慈悲によって救う仏として広く知られ、浄土三部経（無量寿経《むりょうじゅきょう》、阿弥陀経《あみだきょう》、観無《かんむ》量寿経《りょうじゅきょう》）などにおいて、浄土信仰の主尊として信仰されています。

※妙観察智（みょうかんざっち）…すべてのことをよく観察して、見極める智恵

衆生救済のために身を尽くした仏

ある国の王が一切の衆生救済※のために王位を捨て、四十八願をたてて修行しました。彼が仏となったのが阿弥陀如来です。無量の光明によって来世（死後の世界）をよりよいものに導く仏であり、様々な苦しみを取り去り、大慈悲心によってすべてを癒します。成仏して西方浄土を開いた後もなお、説法を続けているとされています。

日本人にとって、最も身近な仏

鎌倉時代から日本中に広まった浄土真宗は阿弥陀如来一仏を本尊としており、教義の中心は阿弥陀如来の本願力※にすがることにあります。

多くの日本人が心を静めるときに口にする念仏「南無阿弥陀仏《なむあみだぶつ》」は、「阿弥陀仏の力にすがり従います」という意味の言葉です。浄土真宗の宗祖とされる親鸞は、「南無阿弥陀仏」と唱えて疑いなく阿弥陀如来の本願力に頼ることで、誰もが死後は極楽浄土にいけるという教えを広めました。

※衆生救済（しゅじょうきゅうさい）…人々の苦しみを取り去り、救うこと

また阿弥陀如来は、故人の守護本尊となる十三仏《じゅうさんぶつ》のうち三回忌、縁日などの基礎とされている三十日秘仏《さんじゅうにちひぶつ》の考えでは毎月の十五日を司るとされています。阿弥陀三尊として表される場合には、観音菩薩《かんのんぼさつ》と勢至菩薩《せいしぼさつ》の二尊を従えます。

造像される場合は、装身具を着けない質素な服装で、結ぶ印は時代と共に移り変わり、人差指と親指で輪を作った両方の掌を腹部の前で上向きに組む上品上生印や、親指と人差指で輪を作り、右手を上げ左手を下げる来迎印などが見られます。

メッセージ

「わたしは救いを求める者を悟りと極楽に導く、すべてを見極める智恵。輝く光明をもって、あなたの人生を困難にしているあらゆる制限を解き放ちましょう。日常や人生に枠や制限を感じたときは、わたしの名を呼び、願いを唱えてください。制限という幻想から目ざめ、本来の輝きを取り戻しましょう」

※本願力（ほんがんりき）…衆生救済のはたらき

釈迦如来《しゃかにょらい》

唯一実存した仏であり
仏教の開祖である釈迦

PROFILE

別名⊙仏陀、釈迦牟尼世尊、釈尊
所属⊙十三仏、釈迦三尊
キーワード⊙奇跡、中道、蓮の花

蟹満寺（京都）、大報恩寺（京都）、清凉寺（京都）、法隆寺（奈良）、室生寺（奈良）

※十方(じっぽう)…東南西北とその中間である四隅の八方と上下
※三世(さんぜ)…過去、未来、現在

仏教の中で最も重要な人物

釈迦如来《しゃかにょらい》は、ありのままの真理と中道の大切さを伝える、歴史上に実在した唯一の如来です。

釈迦如来は仏教の開祖である釈迦（ゴータマ・シッダールタ）を仏として敬う呼び方で、仏陀《ぶっだ》、釈迦牟尼世尊《しゃかむにせぞん》、釈尊《しゃくそん》、とも呼ばれます。釈迦如来は釈迦が出家した後の姿で、曹洞宗や臨済宗で本尊として祀られ、多くの仏像のベースともなっています。

左右に脇侍を配した釈迦三尊としては、文殊菩薩《もんじゅぼさつ》と普賢菩薩《ふげんぼさつ》を従えます。ほかにも多宝塔の脇に釈迦如来と多宝如来を配した三宝尊《さんぼうそん》（一塔両尊）、釈迦の主な弟子十人（十大弟子）を従える像や図などもあります。

小乗仏教では釈迦牟尼仏は現世における唯一の仏で、大乗仏教では釈迦如来は※十方※三世の無量の諸仏の一尊です。※三身説では仏が現世の人々の前に現れた姿であるとされています。

※三身説(さんじんせつ)…仏の身のあり方。法身(ほっしん)＝宇宙の真理そのもの、報身(ほうじん)＝修行を積んだ仏陀応身(おうじん)＝人々の願いによって現れる仏陀

実在した人物ならではの多彩な造形

釈迦如来は仏教が流布した広い範囲で造像されています。立った像・座った像・寝転んだ像の三種があり、立像は修行中、坐像は悟りを開かんとしているときや開いた直後、寝転んだ涅槃《ねはん》像はすべての教えを説き終えて入滅《にゅうめつ》する前後の姿を表しています（目が開いた涅槃像は入滅直前の最後の説法をしている姿、目が閉じた涅槃像は入滅後の姿だといわれています）。また釈迦の生涯に応じて、誕生像や苦行像、悟る直前の降魔像《ごうまぞう》、説法像、涅槃像があり、日本で最も多いのは、真理に目ざめた後の説法像です。

奇跡に満ちあふれた釈迦の一生

釈迦は仏教の開祖であり、紀元前五世紀ごろに釈迦族の王子として生まれました。生まれてすぐに七歩歩いて右手で天を指し左手で地を指して「天上天下唯我独尊※」と話したと伝えられています。王子として裕福な生活を送り、十六歳で結婚して一子を儲けた後に、二十九歳で出家しました。六年間の厳しい修行（断食と座禅）を経て

※天上天下唯我独尊（てんじょうてんげゆいがどくそん）…人はみな尊いものであり、誰一人として他にとってかわるものはない。自分という絶対的なものを尊ぶ

三十五歳で悟りを開き、仏陀となりました。その後は梵天の勧めに応じて、自らの悟りを人々に説いて回りました。悟りの教えを続けて45年。釈迦は死の間際まで面会を赦し、教えを続けました。そして自分の死を悲しむ弟子たちに、自らを燈明として修行に励むよう説法し入滅しました。

なお、仏教の中には、釈迦を本尊としない宗派もあり、中には肉体をもったゴータマ・シッダールタではなく、悠久の昔から遥か将来まで普遍的に存在する釈迦牟尼世尊を信仰の対象とする場合もあります。

メッセージ

「あなた自身の行ないを正しく見つめてください。現状に不調和があれば、静かな場所で心の奥深くに入って、その状況を感情を交えずに、ありのままに見つめてください。そこにはどんな学びがあるでしょうか。“救い”とは、他者から施されるものではなく、あなた自身の心から導き出されるものなのです」

大日如来《だいにちにょらい》

宇宙の真理を表す仏で
密教における最高仏

PROFILE

別名⦿摩訶毘盧遮那
所属⦿金剛界五智如来、胎蔵界五仏
キーワード⦿宇宙心理、智恵

横蔵寺（岐阜）、東寺（京都）、円成寺（奈良）、唐招提寺（奈良）、金剛峯寺（和歌山）

すべての仏の上に立つ中心的な存在

大日如来《だいにちにょらい》は、宇宙の真理を司る大乗仏教の仏で、密教の最高仏です。その智恵の光が万物を照らすことから、太陽を意味する「日」にさらに「大」を加えて名づけられました。

密教の経典には、金剛頂経《こんごうちょうきょう》と大日経《だいにちきょう》の二つの系統があります。大日如来は金剛頂経の説く金剛界、大日経の説く胎蔵界それぞれの本尊と仏の関係を描く曼荼羅《まんだら》の中で、重要な五仏の中心として描かれています。同じ大日如来でも金剛界と胎蔵界とでは意味合いが異なる面があり、金剛界では悟りのための堅実な智恵の象徴であるのに対し、胎蔵界では無限の慈悲を象徴しています。造像される際の手の形も同様に異なり、金剛界の大日如来は左の人差指を立てて右手で握る智拳印《ちけんいん》を示すのに対し、胎蔵界の大日如来は左手の上に右手を重ねて両手の親指の先を合わせる法界定印《ほうかいじょういん》を示しています。

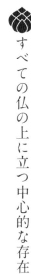

私たちの日常にも身近な最高仏

大日如来は、故人の守護本尊となる十三仏《じゅうさんぶつ》のうち十三回忌を、中国・五大を由来として今日の日本でも縁日などの基礎に使われている三十日秘仏《さんじゅうにちひぶつ》では毎月の二十三日を司るとされています。

また、通常は装身具を一切つけない如来の中で唯一、豪華な装身具をまとっています。これは、宇宙全体を身にまとった王者であることを表現しています。

なお、日本で広く信仰され多くの像が残されている不動明王は、大日如来の化身、あるいは決意を表現した形であると見なされています。

空海によって日本に広まった仏

大日如来は、華厳経《けごんきょう》の教主である毘盧遮那如来《びるしゃなにょらい》の進化した姿であるともいわれています。そのため、摩訶毘盧遮那《まかびるしゃな》とも呼ばれます。

日本での大日如来信仰には、平安時代に唐に渡った空海《くうかい》（のちの弘法大師）が大きく貢献しました。金剛頂経と大日経を統一的に解釈した真言密教の教えに出会った空海は、その教えを学んで帰国した後に、独自の解釈で真言宗を開きました。なお、真言宗の総本山である高野山《こうやさん》には、今でも空海が隠れているとされています。

日本には、大日如来の像そのものはそれほど多くありません。しかし大日如来は宇宙の根源仏であるため、この世のあらゆるものが大日如来とつながっており、すべての仏は大日如来の徳の表れであると考えられます。そのため、大日如来以外のどの仏を拝むことも、すべて大日如来に帰することになります。

メッセージ

「あなたを取り囲む物事や万物のすべてには、宇宙の法則が働きかけています。人生の難題や壁、健康、人間関係など、すべての問題は自然の流れを遮断する人間のエゴから生まれます。それらは自然の理《ことわり》に寄り添うことで解決していきます。自然に耳を傾け、自然のリズムを取り戻してください」

多宝如来《たほうにょらい》

法華経の正しさを
証明した仏

PROFILE

別名⦿—

キーワード⦿空観

東大寺（奈良）

七宝に飾られた多宝塔で説法

多宝如来《たほうにょらい》は、釈迦以前に悟りを開いた仏の一尊で、東方の宝浄国《ほうじょうこく》で釈迦の説法を賛嘆した仏として知られています。法華経《ほけきょう》の中でもドラマチックな説話のひとつとして、釈迦の説く法華経の正しさに感嘆した多宝如来は、七宝※で飾られた多宝塔の中にある自身の座を半分釈迦に受け渡し、共に説法を続けたといわれます。そのことから、多宝如来は単独ではなく、多宝塔の中や多宝塔の両隣で釈迦如来と合わせて一塔両尊《いっとうりょうそん》として表されることが多くなりました。

日蓮宗や法華宗では多宝如来は法華経の正しさを証明する仏として重視され、本尊として多宝塔を用いています。その際、多宝塔の両脇に釈迦如来と多宝如来が安置されることが多いようです。なお、日本で見られる多宝塔の形式は、ほかの仏教国では見られないことから、日本独自のものであるといわれています。

メッセージ

「心の中心にあるあなたの聖域には、すべての宝の原石が眠っています。その中心のエネルギーと調和するとき、それらは豊かさとなってあなたの現実に顕れます。心の聖域にあなたの座を設けて、放たれる真実の言葉に耳を傾けてください」

※七宝(しちほう)…世界を治める転輪聖王が従える七つの宝。金輪・如意宝珠・女宝・馬宝・象宝・主蔵宝・主兵神宝

燃燈仏《ねんとうぶつ》

灯火を輝かせ、
炎で道を示す

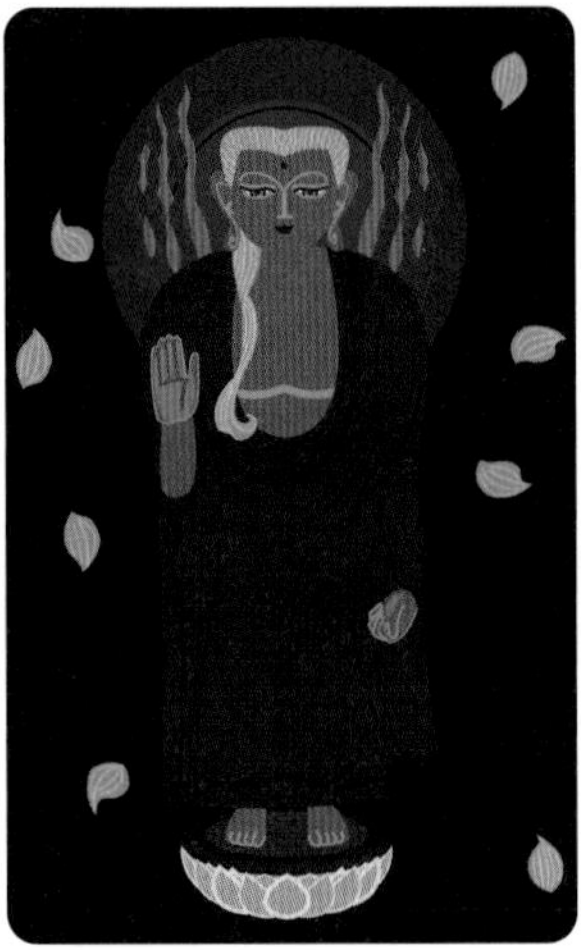

PROFILE

別名⦿定光仏、錠光仏

キーワード⦿炎

—

前世の釈迦に道筋を示した過去仏

燃燈仏《ねんとうぶつ》は、「灯火を輝かせる者」という意味をもつ、釈迦以前の過去仏の一尊です。肩に炎をもつ独特な姿で表され、定《じょう》光仏《こうぶつ》、錠光仏《じょうこうぶつ》とも呼ばれています。

燃燈仏は国中を説法して回る中で、修行中の青年であった前世の釈迦と出会います。前世の釈迦は、仏のために財産を投げ打って花を手向け、清掃の終わらない道のぬかるみに自身の髪を敷き詰め、泥水にわが身を投げ出して仏に背を踏んで進むように申し上げました。その献身的な姿勢を見た燃燈仏は、生まれ変わった後に悟りを開いて仏になるだろうと来世を予言したといわれています。

この説話は一般に「燃燈仏本生《ねんとうぶつほんしょう》」と呼ばれ、釈迦誕生の物語の一環として広く語られています。説話の舞台となったガンダーラ地方には、燃燈仏本生を表す仏画や仏像が数多く残されています。

メッセージ

「わたしはあらゆる闇と無知を焼き尽くす、精妙で深厚な真実の炎。聖なる紫の炎で、物事に変容と予言をもたらします。心に闇や迷いを感じたときは、わたしの名を呼んでください。あなたの心の闇を真実の灯明で照らし、道を顕しましょう」

毘盧遮那如来《びるしゃなにょらい》

仏教の真理そのものを
表した、東大寺の大仏

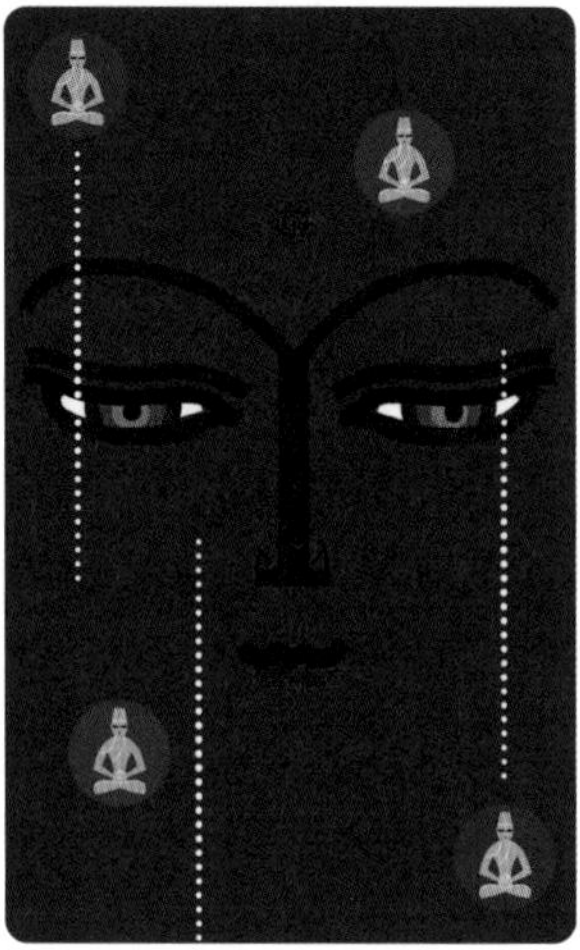

PROFILE

別名⦿遮那仏

キーワード⦿宇宙、真理、願いを叶える

東大寺（奈良）、唐招提寺（奈良）、戒壇院（福岡）

広く深く仏教を照らす太陽的な存在

毘盧遮那如来《びるしゃなにょらい》は、宇宙全体を司る大乗仏教の仏です。仏教の教えそのものを神格化した法神仏の代表格といわれ、毘盧舎那仏《びるしゃなぶつ》、または略して盧遮那仏《るしゃなぶつ》、遮那仏《しゃなぶつ》と呼ばれることもあります。

名前には「太陽の輝きをもつ仏」という意味があり、毘盧遮那如来は広い智恵と深い慈悲をもって、太陽の光のように真理をあまねく照らしています。釈迦の悟りの内容が収められているという華厳経《けごんきょう》には、本尊として毘盧遮那如来が示されており、悟りの真理そのものを形にしたものが毘盧遮那如来だとされています。

釈迦が悟り、人々の伝えた教えの根本には毘盧遮那仏がいます。毘盧遮那如来がいなければ釈迦は真理を悟ることもなく、逆に釈迦がいなければ毘盧遮那如来の真理は人々に伝わることはなく、両方がそろって仏法が成り立つと考えられています。

多くの仏を抱えた像が表す世界観

毘盧遮那如来は、蓮華蔵《れんげぞう》世界という宇宙全体を司る仏です。毘盧遮那仏が座る蓮華台座には千枚の花びらがあり、その一枚一枚に仏陀（大釈迦）がいるとされています。そして大釈迦がそれぞれ教えを説いている台座にも千枚の花びらがあり、その一枚一枚に百億の仏（中釈迦）の世界があるとされ、中釈迦の台座の花びらの一枚一枚には、さらに小釈迦がいるといわれています。そのため毘盧遮那仏の像には、蓮華台座や光背にたくさんの釈迦仏が描かれています。

東大寺の大仏と全国の国分寺

毘盧遮那如来の像は、右手を上げて掌を前に向け、左手は下げて掌を前に向けた施無《せむ》畏与願印《いよがんいん》を示しています。信者の願いを叶えるという意味があります。奈良時代の第四十五代天皇・聖武天皇は、毘盧遮那仏の世界を実現しようと、東大寺を総国分寺として全国に国分寺・国分尼寺を設置し、中央集権的に仏教国家を実現しようとしました。

そのため東大寺には、奈良時代の国家的な事業として、二十六年もの歳月をかけて座長約十五メートルの毘盧遮那如来が造像されました。大仏殿は木造軸のものとしては、世界最大といわれています。ただし、全国の国分寺に祀られているのは毘盧遮那如来ではなく薬師如来がほとんどです。

また、同時期に幾度もの困難を経て唐より渡日した鑑真《がんじん》が開いた唐招提寺《とうしょうだいじ》には、全長三メートルを越える毘盧遮那如来が本尊として祀られています。

メッセージ

「あなた方すべては、ひとつの源泉（宇宙）から生まれた光り輝く仏の花びらです。そして誰もが完全な智恵と深い慈悲を備えています。あなた方が運命や他者と抗うことを止め、数千の真実の花を咲かせるとき、世界は悟りと安らぎに満ちた浄土へと生まれ変わるでしょう。いつも心の光と共にあってください」

宝生如来《ほうしょうにょらい》

慈悲深く、
平等な施しを与える

PROFILE

別名⦿—

所属⦿金剛界五智如来

キーワード⦿慈悲、平等、富

東寺（京都）、観心寺（大阪）、唐招提寺（奈良）

富を生み、人々の願いを叶える

宝生如来《ほうしょうにょらい》は、財宝を司り、富を生み人々の願いを叶えるといわれる仏です。密教の最高仏・大日如来とその四方を囲む如来からなる金剛界五智如来の一尊で、大日如来の南方に位置。自分も他者もすべてのものが平等であり、それぞれの存在には絶対の価値があることを示す智恵である「平等性智《びょうどうしょうち》」を象徴しています。

仏像の姿は、左手は腹前で衣の端を掴み、右手は掌を前側に向けて下げる与願《よがん》印《いん》を結んでいます。これは、人々の願いを聞き入れ、叶えようとする慈悲深い姿を表しており、その慈悲深さから「宝生」の名前がついたと考えられています。

宝生如来が単独で造像されることはほとんどなく、五智如来の一尊として造像される場合がほとんどです。また、五大明王の一尊で宇宙を創造する生命力を表現した軍荼利明王《ぐんだりみょうおう》は、宝生如来が変化した姿（化身《けしん》）です。

メッセージ

「豊かさと幸福、智恵は等しくすべての人に用意されています。こうした宇宙の恵みを拒んでいるのは、あなたの中にある猜疑心と頑なさです。流れを受け入れ、変化に柔軟であるとき、あなたはすべての宝を手にできるのです」

法身普賢《ほっしんふげん》

男女合体像に表される
仏の根源

PROFILE

別名◉普賢王如来

キーワード◉根源

—

すべての仏の父母かつ究極の存在

法身普賢《ほっしんふげん》は、意識の根源の光、心の本質の輝を司り、あらゆる仏の父母とされる中心的な仏です。根源的な存在（本初仏《ほんしょぶつ》）を中心とした教えが展開される後期インド密教における最高存在であり、チベット仏教では、法身普賢、金剛薩埵、金剛総持の三尊のいずれかが本初仏《ほんしょぶつ》として尊崇されています。

本初仏（根源仏《こんげんぶつ》）である法身普賢は、一切の仏が存在する前に存在した原始仏であり、また、仏性そのものでもあります。そのため、法身普賢には本来は具体的な形がありませんが、多くは如来の姿をとって表されます。その姿から、普賢王如来と呼ばれることもあります。

像としては、后である普賢母《ふげんぼ》と対面座位した男女合体尊の形で表されることがほとんどです。このような男女合体像（歓喜仏《かんぎぶつ》）は、ヤブユムと呼ばれ、多くの仏画や像に残されています。

メッセージ

「あなたの中の男性性と女性性を統合してください。男性性は表現する父の力であり、女性性は受け入れる母の力です。この二つの力をあなたの中で調和させバランスを取るとき、あなたの現実に“奇跡”が起こりはじめるでしょう」

薬師如来《やくしにょらい》

病を取り去るとして
広く信仰される仏

PROFILE

別名◉薬師瑠璃光如来、医王
所属◉十三仏、薬師三尊
キーワード◉医療、健康、衣食住

勝常寺（福島）、神護寺（京都）、獅子窟寺（大阪）、法隆寺（奈良）、唐招提寺（奈良）、薬師寺（奈良）、新薬師寺（奈良）

ご利益は薬をもって病を治すこと

薬師如来《やくしにょらい》は、医薬を司り、人々の心身の健康や衣食住を見守る大乗仏教の仏です。正式には薬師瑠璃光如来《やくしるりこうにょらい》と呼ばれ、東方の浄瑠璃界を主宰する教主とされ、そのご利益《りやく》から、医王とも呼ばれます。

薬師如来の教えは薬師瑠璃光如来本願功徳経《やくしるりこうにょらいほんがんくどくきょう》（薬師経）や薬師瑠璃光七佛本願功徳《やくしるりこうしちぶつほんがんくどく》経《きょう》（七仏薬師経）に示されていますが、人々の病を治し、衣食住を満たす仏で、生きている間にご利益《りやく》があり、安らぎを与えてくれることから、日本では多くの信仰を集めるようになりました。しかし密教の世界観を示した曼荼羅《まんだら》などにはその存在が示されていないこともあり、古来にはそれほど重視される仏ではなかったとも考えられています。

インドや中国など多くの地域では認知度が低い薬師如来ですが、チベット仏教では日本同様に信仰されています。

人々に対して現世での安らぎを施す

薬師如来は、菩薩として修行しているときに、衆生救済《しゅじょうきょうさい》として将来に実行する十二の大願を決心しました。その大願には、人々を悟りに導くことや仏教の教えを説くこと以外にも、「女性であることの不利を失くす」「心身共に健康で安全に」「健全な食事を与える」「美しい衣服や装飾品を与える」などがあり、心の支えのみならず、健康や衣食など現世的な利益を授ける点に大きな特徴があります。

現世利益を司る仏であることから、日本では「お薬師様」として広く親しまれて信仰されています。

二十四時間全方向で人々を見守る

全国の国分寺に本尊として祀られる薬師如来ですが、日光菩薩と月光菩薩を脇侍《きょうじ》とした三尊像も多く見られます。昼夜（日と月）の二十四時間、全方向にいる病の人を助けるという意味があります。また、※眷属として十二神将を従えたり、光背に七仏薬

※眷属（けんぞく）…仏につき従うもの。仏弟子。

師という化仏《けぶつ》を従えたりする場合も少なくありません。

薬師如来は、毘盧遮那如来《びるしゃなにょらい》と同様に、右手を上げて掌を前に向け、左手は下げて掌を前に向けた施無畏与願印《せむいよがんいん》を示しています。その場合は、釈迦像や毘盧遮那如来像と見分けがつきにくく、間違えられていたこともあります。さらに左手の掌の上に薬壺を乗せている姿も多く見られますが、古代には薬壺を持たない像も多く存在します。

故人の守護本尊としての十三仏《じゅうさんぶつ》では四十九日、縁日などの基礎となる三十日秘仏《さんじゅうにちひぶつ》では毎月の八日を司るとされています。

メッセージ

「すべての痛みや病は、あなたの心のあり方から生まれているものです。病は心と身体から発せられたシグナルであり、メッセージです。このメッセージを無視しながら、どんなに高価な薬や栄養を摂っても、それは有効に働きません。痛みを発生させているのはどんな心か、そこにフォーカスしてください」

Column 02

仏陀の十大弟子

仏陀《ぶっだ》を支えた十人の優秀な高弟たち 各々の個性を活かし、大きく教えを広める

仏陀の直弟子の中でも、特に優れた十人を、「仏陀の十大弟子」といいます。経典には、主に仏陀の説法の聞き役として登場しますが、彼らは、仏陀の教えを広め、今日の仏教の基礎を築きました。

その筆頭は、シャーリプトラ。智恵《ちえ》第一と呼ばれ、すぐれた智恵を備えていました。般若心経では舎利子《しゃりし》の名で登場します。そして、その親友がマウドガルヤーヤナ。神通力に優れ（神通《じんつう》第一）、盂蘭盆経《うらぼんきょう》では主人公の目連《もくれん》として知られています。同郷の二人は、はじめ、自由思想家のバラモン、サンジャヤに師事していましたが、仏陀に出会い、仲間二百五十人を引き連れて帰依《きえ》しました。彼らは、共に仏陀を補佐して多くの教徒を統率した双璧です。

仏陀の入滅《にゅうめつ》後、長老として経典の編纂を行なったのが、マハーカーシャバ。衣食住に欲少なく、足るを知る者として、頭陀《ずだ》（無欲）第一と呼ばれ、仏陀の教えを後世に伝える最大の後継者となり

ました。以上の三人を三大弟子という場合もあります。

彼らをはじめとする十人の弟子たちは、それぞれの徳について「第一」と讃えられています。これは、各分野における第一人者ということ。階級も出身地も違い、その境遇も多種多様ですが、仏陀は彼らを分け隔てなく公平に扱いました。それこそが、仏教の教えの真髄なのです。

◉仏陀の十弟子

シャーリプトラ(舎利弗《しゃりほつ》)	智恵《ちえ》第一。
マウドガルヤーヤナ(目連《もくれん》)	神通《じんつう》第一。
マハーカーシャパ(大迦葉《だいかしょう》)	頭陀《ずだ》(無欲)第一。
アーナンダ(阿難《あなん》)	多聞《たもん》第一。仏陀の従兄弟。経典の編纂会議で活躍。
プールナ(富楼那《ふるな》)	説法第一。説法に優れ、外国に渡り、九万九千人に布教。
カーティヤーヤナ(迦旃延《かせんねん》)	論議第一。議論に優れ、教えをわかりやすく説いた。
ウパーリ(優婆離《うばり》)	持律《じりつ》第一。もとは理髪師。弟子の中で最も戒律を守った。
スプーティ(須菩提《しゅぼたい》)	解空《げくう》第一。誰よりも「空」を理解し、決して争わない。
ラーフラ(羅睺羅《らごら》)	密行《みっこう》第一。仏陀の息子。すすんで厳しい戒律を実践。
アヌルッダ(阿那律《あなりつ》)	天眼《てんがん》第一。仏陀の従兄弟。不眠のため失明し、天眼を得た。

第二章

菩薩《ぼさつ》

菩薩《ぼさつ》は、悟りの世界と
人間の世界をつなぐ仏。
如来《にょらい》を目指し修行を重ねながら
仏の慈悲で人々を救います。

密教の四菩薩《しぼさつ》

人間界に最も縁の深い四尊の菩薩

薬師経の八大菩薩《はちだいぼさつ》

正法を護り、人々を救済する八尊の菩薩

文殊菩薩《もんじゅぼさつ》（98ページ）
観音菩薩《かんのんぼさつ》（72ページ）
勢至菩薩《せいしぼさつ》（84ページ）
無尽意菩薩《むじんいぼさつ》
宝檀華菩薩《ほうだんかぼさつ》
薬王菩薩《やくおうぼさつ》（102ページ）
薬上菩薩《やくじょうぼさつ》
弥勒菩薩《みろくぼさつ》（94ページ）

如来《にょらい》を目指し、現世で慈悲を実践する

菩薩《ぼさつ》は、菩提薩埵の略で、「悟りを求めるもの」の意味をもった、悟りを現世で実行しようとする仏です。次期如来候補で、悟りの前に踏みとどまり、如来《にょらい》になるために修行を積む一方で、仏の慈悲をもって世のため人のために救済を実践し、人々を仏の道へと教え導いていいます。

如来が「真理を表すもの」として人々を導く役割をもつのに対して、菩薩は「悟りの世界と人間の世界のかけ橋」のような役割をもつ存在です。仏陀《ぶっだ》になる前の修行中の状態を指すことから、釈迦《しゃか》が悟りを開く前に王子だったときの姿に似せて、装飾品を身につけた貴人のような姿で表されます。

菩薩は五十二の階位に分けられる

菩薩は、悟りを求めながらも衆生を救うために多くの修行を重ね続けています。菩薩は本来、将来如来になるための仏を指しますが、悟りを得たいと望む人すべてが菩薩とされることもあります。そのため、大乗仏教が発展すると共に、菩薩のランキングを表す「菩薩五十二位」という階位が設けられました。私たちがよく知る、観音《かんのん》菩薩《ぼさつ》や文殊菩薩《もんじゅぼさつ》、弥勒菩薩《みろくぼさつ》などは最上位の「妙覚《みょうかく》」という階位に属しています。

また、菩薩の修行には、悟りに至るための「六波羅蜜《ろくはらみつ》」と呼ばれる修行法があります。菩薩たちは、「布施《ふせ》」、「持戒《じかい》」、「忍辱《にんにく》」、「精進《しょうじん》」、「禅定《ぜんじょう》」、「智慧《ちえ》」といった六つのあり方を実践し、修行に邁進《まいしん》しています。

月光菩薩《がっこうぼさつ》

日光菩薩と対で
薬師如来を守る

PROFILE

別名⦿月光遍照菩薩、月浄菩薩
所属⦿薬師三尊
キーワード⦿月の光

東大寺（奈良）、道成寺（和歌山）

薬師如来の脇侍で月の光を象徴

月光菩薩《がっこうぼさつ》は、月の光を象徴する仏で、大乗仏教の経典、薬師経に登場します。苦痛や煩悩を滅した境地と穏やかな慈悲心を示す菩薩で、単体で祀られることはなく、薬師如来の脇侍※として日光菩薩《にっこうぼさつ》と対になって薬師三尊を構成します。月光菩薩と日光菩薩は、共に薬師瑠璃光浄土《やくしるりこうじょうど》に住み、薬師如来の教えを伝え守る役割を果たしているとされています。

造像としては、座像や立像、合掌像など様々な形が取られますが、必ず日光菩薩と対で薬師三尊の一尊として作られます。一般的には日光菩薩が薬師如来の左、月光菩薩が右に配され、日光菩薩が右手を上げて左手を下げると、月光菩薩が左手を上げるといった対称的な姿勢が取られます。しばしば上げた方の手の親指と人差指で輪を作り、宝冠と持物《じもつ》に月輪をつけた姿で表わされますが、月輪のある蓮華を持つこともあります。

メッセージ

「月はあなたの心の側面を表します。あなたの心身を苦しめ、現実を滞らせている原因は、心の影に溜め込んでしまった欲望、怒り、執着です。心に光をあて、勇気を出してその存在を認めましょう。不必要なものを開放してください」

※脇侍（きょうじ）…中心となる仏の左右または四方に控え、仏を補佐する菩薩や明王、天などのこと

観音菩薩《かんのんぼさつ》

人に合わせて変化し
様々な姿をもつ仏

PROFILE

別名⊙観世音菩薩、観自在菩薩
所属⊙八大菩薩、阿弥陀三尊、十三仏
キーワード⊙慈悲心

観音寺（京都）、三十三間堂（京都）、法華寺（奈良）、薬師寺（奈良）、観音寺（福岡）

慈悲で人々を救う、なじみ深い仏

観音菩薩《かんのんぼさつ》は、いつも人々を観察し、苦しむ人のもとに姿を変えて現れ、慈悲心を示して人々を救うという現世ご利益《りやく》のある仏です。大乗仏教の仏で、正式には観世音菩薩《かんぜおんぼさつ》または観自在菩薩《かんぜじざいぼさつ》と呼ばれます。千手観音、十一面観音、如意輪観音《にょいりんかんのん》など様々な姿形は、ときと場所と相手に応じて人々を救済することを示しています。

日本では古来親しみを込めて「観音様」と呼ばれることも多く、広く信仰されています。死者を弔う十三仏《じゅうさんぶつ》では百ヵ日の本尊だとされています。また変化《へんげ》観音の代表格・千手観音は子《ね》年の守護本尊としても親しまれています。

観音菩薩の教えは観音経、無量寺経、十句観音経《じっくかんのんきょう》など多くの教典に示されており、日本で古くからなじまれてきた般若心経の冒頭部分にも観音菩薩が登場します。

女性的な外見で表される観音菩薩像

観音菩薩像は、独尊として信仰される聖観音《しょうかんのん》や多様な変化観音《へんげかんのん》のほか、浄土宗では阿弥陀三尊を構成するひとりで勢至菩薩と共に阿弥陀如来の脇侍として信仰されています。

造像としては、変化観音の性質によって顔立ちや姿勢も異なりますが、頭上に阿弥陀如来の化身《けしん》をつけ、蓮華のつぼみや水瓶《すいびょう》を持っているのが一般的です。穏やかな顔と、女性的な姿形で表されることがほとんどです。水瓶にはいくら使ってもなくならない※功徳水が入っているとされています。

千手観音像の手の数は一般的に四十二本

観音菩薩が相手に応じて姿を変えることを、「普門示現《ふもんじげん》」といいます。すべて聖観音《しょうかんのん》が変化した姿ですが、変化観音が多様なため、三十三観音や六観音など、複数の姿を組み合わせるようになりました。

※功徳水（くどくすい）…極楽浄土にある八つの功徳を備えた水

　観音経によると、観音菩薩は天地の善悪を表す三十三の姿に変身します。西国三十三所観音霊場や三十三間堂など、仏教に「三十三」という数字が多いのはそのためです。なお、三十三観音の思想と信仰は、中国や日本で発達したと考えられています。

　六観音は、六道《りくどう》に迷う人々を救う発想の中から生まれ、地獄道は聖観音、餓鬼道《がきどう》は千手観音、畜生道は馬頭観音《ばとうかんのん》、修羅道は十一面観音、人道は准胝観音《じゅんていかんのん》、天道は如意輪《にょいりん》観音がそれぞれの世界を見ています。

　千手観音はそれぞれの掌に目がある千本の手をもちますが、千本の手をもつ像は製作困難なため、像としては四十二本の手で表されることがほとんどです。

メッセージ

「あなたはいま、何かの助けを必要としていますか？ひとりで答えや解決策を探そうともがき、苦しんでいませんか？ときに人は自分の考えだけでがんじがらめになり、自分自身を苦しめます。ですが、それらすべてを自分で抱え込まなくてもよいのです。わたしたちは、いつもあなたの隣で手を差し伸べています」

虚空蔵菩薩《こくうぞうぼさつ》

丑・寅年生まれの
守護本尊

PROFILE

別名⦿—

所属⦿十三仏

キーワード⦿記憶力

神護寺（京都）、法輪寺（奈良）

記憶力を授ける独自の修法も人気

虚空蔵菩薩《こくうぞうぼさつ》は、宇宙の果てまで広がる大空のような無限の智恵と慈悲を備えた大乗仏教の仏です。死者を弔う十三仏《じゅうさんぶつ》では最後にあたる三十三回忌の本尊として、また丑と寅年生まれの守護本尊として知られます。

密教では偉大な記憶力を授ける菩薩として知られ、真言を百万回唱える修法「虚《こ》空蔵求聞持法《くうぞうぐもんじほう》」を修めればあらゆる経典を記憶・理解して忘れることがなくなるといわれ、空海もこの法を修めたと伝えられています。また、大日如来を中心とする金剛界五智如来を虚空蔵菩薩五体で表現した「五大虚空蔵菩薩」では宝冠をかぶり、左手に鈎《かぎ》を持った姿で表されます。中央に位置する白い法界虚空蔵、東に黄色い金剛虚空蔵、西に赤い蓮華虚空蔵、南に青い宝光虚空蔵、北に黒紫の業《ごう》用《よう》虚空蔵の五尊からなり、増益や除災を願う本尊として祀られています。

メッセージ

「あなたは数多くの転生の中で、無数の経験を通して様々な智恵を携えて生まれてきました。しかし、あなた方の世界ではそれらがベールで包まれています。心を開いてわたしの名を呼んでください。すべての記憶を目ざめさせましょう」

金剛薩埵《こんごうさった》

強固な心で
悟りを求める存在

PROFILE

別名⦿密教第二祖
所属⦿五大菩薩
キーワード⦿強固さ

東寺（京都）

仏教史で地位を上げていった仏

金剛薩埵は、金剛（ダイヤモンド）のように堅い心で悟りを求め、人々にも同様の心を抱かせる仏です。密教の象徴的存在として、密教第二祖ともいわれ、大日如来の教えを伝える役割を担うとされています。金剛界曼荼羅に描かれる五大菩薩の一尊ともされていますが、日本では五大菩薩の造像例はあまりありません。ただし、真言宗の教えが日本に伝わるまでに関わった祖師「真言八祖《しんごんはっそ》」の一尊として祀られています。

仏教説話ではほとんど登場せず、釈迦につきそう程度の金剛薩埵ですが、中期密教においては大日如来の教えを受けて人々にわかりやすく伝え教える菩薩として崇められるようになり、後期密教においては法身普賢《ほっしんふげん》と並んで本初仏《ほんしょぶつ》（すべての仏の根源的存在）へと昇格しています。

像としては、大日如来と同じ菩薩形で、手に金剛杵《こんごうしょ》と鈴を持っています。

メッセージ

「あなたの中にある忠誠心を見つけてください。あなたの行動の指針としているものはなんでしょうか？世間の評価ですか。他人の意見ですか。本当の救いは外にはありません。あなたの心の奥深くにこそ、仏の慈悲と智恵が存在するのです」

地蔵菩薩《じぞうぼさつ》

民間信仰を交えながら
古くから親しまれる仏

PROFILE

別名⦿—

キーワード⦿無限の慈悲、救済

建長寺（神奈川）、浄信寺（滋賀）、広隆寺（京都）、六波羅蜜寺（京都）、壬生寺（京都）、立江寺（徳島）

無限の慈悲で人々を苦しみから救う

地蔵菩薩《じぞうぼさつ》は、大地がすべてを包み込むように人々を無限の慈悲で包んで救うといわれる大乗仏教の仏です。地蔵菩薩の教えは数々の経典で説かれており、中でも地蔵菩《じぞうぼ》薩本願経《さつほんがんきょう》、大乗大集地蔵十輪経《だいじょうだいじゅうじぞうじゅうりんぎょう》、占察善悪業報経《ぜんざつぜんあくごうほうきょう》は地蔵三経と呼ばれています。

仏教の世界では、釈迦の入滅から五十六億七千万年後に弥勒菩薩《みろくぼさつ》が現れるまでの間、この世は無仏の時代であるとされています。地蔵菩薩本願経と大乗大集地蔵十輪経によると、その時代の救済を一手に担っているのが地蔵菩薩で（二仏中間《にぶつちゅうげん》）、六道（地獄道・餓鬼道・畜生道・修羅道・人道・天道）を回り、苦しむ衆生の救済に努めています。

全国各地に設置されている六地蔵は、六道を回る地蔵菩薩の姿を表しています。また、地蔵菩薩は、人々の苦しみを身代わりに受けることで救済を行なうとされています。

人間の僧侶と同じ姿形をしている仏

多くのほかの菩薩とは違い、地蔵菩薩は髪をそって袈裟《けさ》を身につけた僧侶の姿をしています。右手に錫杖《しゃくじょう》、左手に宝珠《ほうじゅ》を持つのが一般的です。左手に如意宝珠《にょいほうじゅ》を持ち、右手は掌を正面に向けて下に下ろした与願印《よがんいん》を取っている像も少なくありません。いずれにせよ、僧侶の姿をしているのは、仏不在の時代に人々と共に現世ですごしていることを表しています。

ただし密教では、髪を高く結って装身具を身に着け、右手に日輪を持って左手を腰に当てた、菩薩の姿で表されます。

日本における地蔵信仰と道祖神

日本における地蔵信仰は、地蔵菩薩に対する仏教的な信仰に、民間信仰の要素が大きく交わっています。仏教の信仰では、その功徳《くどく》によって、化粧地蔵《けしょうじぞう》や首切り地蔵のような身代わり地蔵、とげぬき地蔵や厄除け地蔵、水子《みずこ》の供養を祈る水子地蔵など、多様な地蔵像が生まれました。また、村の境や道の辻などに祀られる道祖神との混合により、多くの地蔵像が設置されています。

さらに、地蔵菩薩は縁日などの基礎となる三十日秘仏《さんじゅうにちひぶつ》で毎月の二十四日を司るとされていますが、お盆の期間中である旧暦の七月二十四日には全国で地蔵盆が行なわれます。地蔵盆は特に近畿圏で盛んに行なわれ、町中の地蔵を清め、子どもを楽しませる祭として位置づけられています。道祖神である地蔵を祀る気持ちと、「子どもの守り神」としての地蔵菩薩への信仰が混在していることがわかります。

メッセージ

「日常の中にある聖なるもの、瞬間に注意を向けてください。悟りや慈悲は日常からかけ離れた特別な世界からやってくるものではありません。あなたの日々の行ない、心のあり方、他者への思いやり、それらのすべてに仏の心が存在しているのです。それらに気づくことで、仏の光が宿るでしょう」

勢至菩薩《せいしぼさつ》

観音菩薩と対で
人々を守る

PROFILE

別名◉大勢至菩薩、得大勢至菩薩
所属◉八大菩薩、阿弥陀三尊
キーワード◉仏の智恵

仁和寺（京都）、知恩院（京都）

大きな努力で人々を地獄から救う

勢至菩薩《せいしぼさつ》は、衆生《しゅじょう》を無知の迷いと戦いから救う仏の智恵を象徴する大乗仏教の仏です。偉大な努力を獲得したという意味の大勢至菩薩《だいせいしぼさつ》、得大勢至菩薩《とくだいせいしぼさつ》とも呼ばれます。薬師経における八大菩薩の一尊であり、日本では午年の守護本尊、十三《じゅうさん》仏《ぶつ》の一周忌本尊としても親しまれています。単独で信仰されることはほとんどなく、慈悲の象徴である観音菩薩と共に阿弥陀如来の脇侍《きょうじ》として、阿弥陀三尊を形成します。阿弥陀如来の右で、智恵の光をもって衆生が地獄に落ちるのを救い、死者を仏の道に引き入れる役割を果たしているとされています。

造像としては、観音菩薩とほぼ同じで、形式は決まっていません。観音菩薩が宝冠の前面に化仏※を表すのに対して勢至菩薩は水瓶を付けます。手は合掌している場合がほとんどですが、右手に蓮華を持つ場合もあります。

メッセージ

「わたしはすべての無知を照らし出す、智恵の光。“知らない”でいることは、ときに大きな罪や隔たりを生むことになります。そこに智恵と愛は存在しません。あなた自身、そして周囲で起きることにもっと意識的であってください」

※化仏（けぶつ）…変化した仏の姿のこと。機に応じて現れる

日光菩薩《にっこうぼさつ》

月光菩薩と対で
薬師如来を守る

PROFILE

別名⊙日光遍照菩薩、日光普照菩薩
所属⊙薬師三尊
キーワード⊙太陽の光

東大寺（奈良）、道成寺（和歌山）

薬師如来の脇侍で日の光を象徴

日光菩薩《にっこうぼさつ》は、太陽の光を象徴する仏で、大乗仏教の経典、薬師経に登場します。一千もの光明を発することで広く天下を照らし、諸苦の根源である無明の闇を無くすとされています。単体で祀られることはまずなく、薬師如来の脇侍《きょうじ》として月光菩薩《がっこうぼさつ》と対になって薬師三尊を構成します。月光菩薩と日光菩薩は、共に薬《やく》師瑠璃光浄土《しるりこうじょうど》に住み、薬師如来のお教えを伝え守る役割を果たしているとされています。

造像としては、座像や立像、合掌像など様々な形が取られますが、必ず月光菩薩と対になる形で薬師三尊の一尊として作られます。一般的には日光菩薩が薬師如来の左、月光菩薩が右に配され、日光菩薩は月光菩薩と左右対称となるような姿勢が取られます。また、上げた方の手の親指と人差指で輪を作り、宝冠と持物《じもつ》に太陽をつけた姿でよく表されます。

メッセージ

「あなたたちに昼を運ぶ太陽は、単純に物質的世界を照らす灯りではありません。そこには生命力を育む力や、様々な問題を解決する智恵や愛、情報が含まれているのです。朝一番の太陽を浴びてそれらを取り込んでください」

普賢延命菩薩《ふげんえんめいぼさつ》

延命力で長寿のご利益がある仏

PROFILE

別名◉—

所属◉四菩薩

キーワード◉延命力

松尾寺（京都）、常覚寺（奈良）

白い像に乗る姿が特徴的な造像

普賢延命菩薩《ふげんえんめいぼさつ》は、除災や長寿などを祈念する密教の修法「普賢延命法《ふげんえんめいほう》」で本尊とされる仏です。大乗仏教で釈迦如来の慈悲行を象徴する普賢菩薩が延命の功徳《くどく》を施すことから、普賢菩薩の延命力を特に取りあげた普賢延命菩薩が作られるようになりました。名前が示すとおり寿命を延ばすご利益《りやく》があるといわれており、特に天台宗において重要視されています。

造像の形式としては、真言系と天台系の二種類があります。真言系は一身四頭の白象からなる蓮華座に騎乗した形で、二十本の手をもつ姿（二十臂※像）で表されます。天台系では、一身三頭の白象からなる蓮華座に騎乗した形で、二本の手をもつ姿（二臂像）で表されます。二臂の場合は、密教の金剛薩埵と同体異名であるとされています。手に持つものに決まりはありませんが、印を結ぶか、仏具などを持つことがほとんどです。

> メッセージ
> 「象は、微細にいろいろな物事を見通すことができる聖なる存在です。あなたの視野を目の前の物事から少し広げるとき、そこには新しい世界や見方が現れます。心や視野を広げることで、仏の慈悲にたどり着くことができるのです」

※臂（ひ）…肩から手首までのこと。腕の部分

普賢菩薩《ふげんぼさつ》

仏法の修行の象徴で
女性からの信仰も篤い

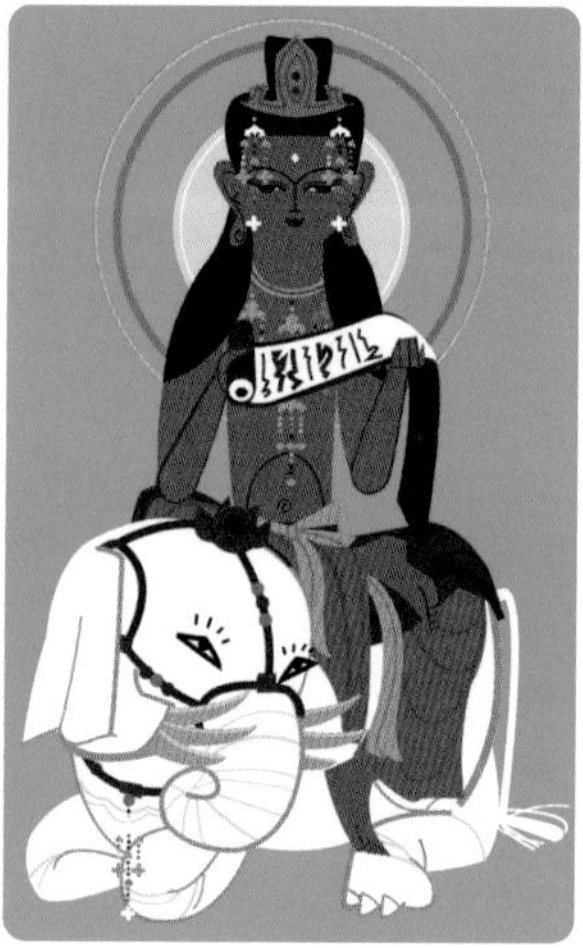

PROFILE

別名⦿—

所属⦿釈迦三尊

キーワード⦿慈悲と理知

考恩寺（大阪）、法隆寺（奈良）、岩船寺（奈良）

教義実践の象徴で、女人成仏を説く

普賢菩薩《ふげんぼさつ》は、世界のあらゆるところに現れて慈悲と理知をもって人々を救う賢者という意味をもつ大乗仏教の仏です。独尊として祀られる以外にも、普賢菩薩は文殊菩薩と共に釈迦如来の脇侍《きょうじ》として仕え、釈迦三尊を構成します。釈迦三尊は、経典の教えだけでなく実践的な修行も重視する仏教の理想を表しています。

智恵の象徴である文殊菩薩と修行の象徴である普賢菩薩がそろうことで、釈迦如来の慈悲が輝くとされています。

大乗仏教の経典、法華経《ほけきょう》最終章では、釈迦が法華経を説くのを聞いた普賢菩薩が、釈迦が涅槃《ねはん》に入った後も法華経を守護し、広めることを誓ったとされています。また、法華経の教えに従って女人成仏を説いた普賢菩薩は、従来の仏教では成仏できないとされていた女性からも信仰を集めました。

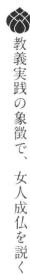

日本における普賢菩薩信仰

日本では平安中期以降に女人往生を説く法華経が普及したことによって、普賢菩薩は女性から篤い信仰を集めました。普賢菩薩への信仰が高まる中で日本では、普賢菩薩と共に法華経の信仰者を守る存在として十羅刹女《じゅうらせつにょ》が生まれました。羅刹女とは、法華経の説法を聞いて改心した、美貌の悪鬼です。

死者を弔う日本独自の十三仏《じゅうさんぶつ》では普賢菩薩は四七日の本尊として崇められ、縁日などの基礎となる三十日秘仏《さんじゅうにちひぶつ》では毎月十七日の守護本尊として、また辰年と巳年の守護本尊として親しまれています。

六牙の白象に乗った穏やかな姿

法華経には「普賢菩薩が六牙の白象に乗って人々を守護する」と記されています。象はインドで優秀で大きな力をもつ動物とされており、六つの牙は「人に施し、戒めを守って耐えながら努力し、心を平穏にして教えに沿った生き方をする」という大乗

※六波羅密（ろくはらみつ）…布施、持戒、精進、忍辱、禅定、智恵の六つ。心の浄化を顕す

仏教で最も大切にされている六つの実践（六波羅密）を表しています。

造像の形としては、蓮華座を乗せた六牙の白象の上で合掌し、足を交差させて両足の甲を反対の足の太ももの上に乗せる結跏趺坐《けっかふざ》の形で座っている姿が多いようです。古い像には、象に乗っていないものもあるようです。

なお密教では普賢菩薩が金剛薩埵と同一視されてることもあり、金剛薩埵同様に金《こん》剛杵《ごしょ》と鈴を手に持つ姿、宝剣を立てた蓮茎《れんけい》や経典、如意などを手にした姿で表されます。

メッセージ

「あなたが何かに頑なになっているとき、あなたの周囲で何が起こっているのかに目を向けてください。あなたの力になろうと手を差し伸べている存在が見えませんか？ 頑なな心は、盲目になるだけでなく、病や不調和を生み出す要因にもなります。幸せを受け取るには、柔軟性が必要なのです」

※如意(にょい)…孫の手のような形をした道具。威儀を正すために用いられた

弥勒菩薩《みろくぼさつ》

遠い未来に地上に降り
人々を救うことを約束

PROFILE

別名◉未来仏
所属◉十三仏
キーワード◉心を定める

慈恩寺（山形）、広隆寺（京都）、鞍馬寺（京都）、醍醐寺（京都）、唐招提寺（奈良）、東大寺（奈良）、當麻寺（奈良）、興福寺（奈良）、室生寺（奈良）、慈尊院（和歌山）

未来が約束された最高位の菩薩

弥勒菩薩《みろくぼさつ》は、未来に如来になることを約束された最高位の菩薩で大乗仏教の仏です。悟りを開いた直後の釈迦に弟子入りし、釈迦から仏法の真髄をすべて受け継いだといわれています。

仏教の世界では、釈迦の入滅《にゅうめつ》から五十六億七千万年の間は無仏の時代が続き、この世は滅亡に向かうとされています。弥勒菩薩は、かつて釈迦がそうしたのと同じように天上界の兜率天《とそつてん》で修行を重ね、五十六億七千万年後には地上に降りて、釈迦が救えなかった人々を救済するといわれています。如来になる未来が約束されていることから、弥勒菩薩を未来仏とも呼び、如来としての像が作られることも少なくありません。

日本では、死者を弔う十三仏の六七日の本尊として崇められ、心を定める力がある「定の菩薩」として親しまれています。

日本や中国における弥勒信仰

弥勒信仰にはいくつかの種類がありますが、死後、兜率天《とそつてん》に昇って弥勒菩薩のそばで過ごし、五十六億七千万年後には弥勒菩薩と共に地上に降りて仏陀となった弥勒の説法を聞くことで救われるというのが「上生信仰《じょうしょう》」といわれます。また、弥勒如来の下生が未来ではなく、「今」地上に降りようとしている弥勒菩薩のために備えるというのが「下生信仰《げしょう》」です。日本における弥勒信仰は、まず奈良時代に貴族信仰として上生信仰が発達し、下生信仰は民衆信仰に展開していったといわれます。

菩薩形・如来形など多様な姿がある

造像の形としては、複数のパターンがあります。一般的には、腰をかけて左足を下ろし、右足を左の膝上に起き、右手の指先を頬にあてて瞑想している半跏思惟像《はんかしゆいぞう》の姿があります。そのほかに、菩薩形や如来形なども作られています。

菩薩形としては、宝冠をかぶり、小さな五輪塔を乗せた蓮華を持って蓮華座の上に座っています。

如来形は、右手を上げて掌を前に向け、左手は下げて掌を前に向けた施無畏与願印《せむいよがんいん》を示し、装飾品を身につけないことがほとんどです。釈迦如来像と見分けるのは困難です。

中国では唐の時代まで足を交差させて椅子に座る像が多く作られましたが、弥勒菩薩の化身として布袋《ほてい》を信仰する流れが大きくなってからは肥満形の像も作られるようになりました。日本にもその信仰が伝えられたため、布袋形の像も残されています。

メッセージ

「救いは、自分だけではなく、人や動物、植物、自然など周囲に存在するすべてを慈しむ心の上にもたらされます。地球と世界は分離から共生に向かっています。そこには上も下もありません。あなたが救いを望むならば、いまこの瞬間から心の中心に慈悲を据えてください。安らぎに満ちた未来を約束しましょう」

文殊菩薩《もんじゅぼさつ》

智恵の象徴として
すべての菩薩を導く

PROFILE

別名⦿文殊師利菩薩
所属⦿釈迦三尊、十三仏
キーワード⦿智恵

慈恩院（山形）、智恩寺（京都）、興福寺（奈良）、安倍文殊院（奈良）、竹林寺（高知）

智恵の象徴として人々を悟りに導く

文殊菩薩《もんじゅぼさつ》は、智恵と理知の働きを象徴する大乗仏教の仏です。菩薩の中でも最も優れた智恵をもち、智恵をもとに物事を客観的に判断する仏だといわれています。大乗仏教の代表的な経典、華厳経《けごんきょう》では仏教に目ざめた善財童子《ぜんざいどうじ》を悟りに導く役割で描かれています。また同じく維摩経《ゆいまぎょう》には、大乗仏教に精通した維摩居士《ゆいまこじ》との問答を行ない、誰ひとり敵う者のいない中で、唯一対等に問答を交えることができたのが文殊菩薩であると記されています。

独尊として祀られる以外にも、文殊菩薩は普賢菩薩と共に釈迦如来の脇侍《きょうじ》として仕えて釈迦三尊を構成します。釈迦三尊は、経典の教えと実践的な修行の両方を大切にする仏教の理想を表しています。智恵の象徴である文殊菩薩と修行の象徴である普賢菩薩がそろうことで、釈迦如来の慈悲が輝くとされています。

実在の人物から次第に菩薩の頂に？

文殊菩薩は、インドに実在したバラモン階級出身の人物であったともいわれています。少なくとも、仏教教団内にモデルが存在していたのではないかと考えられています。経典によっては、般若《はんにゃ》（悟りの智恵）を完全にそなえ、ほかの菩薩を導くような役割で描かれています。

日本では、死者を弔う十三仏の三七日の本尊として崇められ、縁日などの基礎となる三十日秘仏では毎月二十五日の守護本尊として、また卯《う》年の守護本尊として親しまれています。

宝剣と経巻を持って獅子に乗る

文殊菩薩像の多くは、獅子の上の蓮華坐に座り、右手には宝剣・左手に経巻を携えています。経巻は智恵、宝剣は智恵が鋭く研ぎ澄まされていること、獅子は智恵に勢いがあるさまを示しています。右手の宝剣で煩悩を打ち砕くともいわれています。

ただし、騎獅文殊《きしもんじゅ》と呼ばれるこの文殊菩薩像は、平安時代以降に定着したもので、平安中期以前は獅子ではなく四角い台座などに座っていました。

ほかの姿形として、純粋な智恵をもつことを子どもの姿で表た稚児文殊《ちごもんじゅ》、僧侶の手本とされることから僧の形に似せた僧形文殊《そうぎょうもんじゅ》、中国における文殊菩薩の聖地とされる五大山で説法する姿の五台山文殊《ごだいさんもんじゅ》像などもあります。

なお、日本では釈迦三尊の一尊として信仰されることも多い文殊菩薩ですが、インドでは独尊で祀られることも多いようです。

メッセージ

「あなたの中にある、大いなる智恵を実践してください。自分の価値観や心と照らし合わせ、正しいと思ったことを行動に移してください。照準を自分の心に合わせることで、自尊心や自信を低下させる自責の念、罪悪感、羞恥心に打ち勝つことができます。智恵で調和を取り、本当のあなた自身を生きてください」

薬王菩薩《やくおうぼさつ》

薬をもって
衆生の心身を癒す

PROFILE

別名⊙—
所属⊙薬師八大菩薩、二十五菩薩
キーワード⊙薬、捨身

法隆寺（奈良）、興福寺（奈良）

兄弟である薬上菩薩と共に

薬王菩薩《やくおうぼさつ》は、薬をもって衆生《しゅじょう》の心身を癒すとされる大乗仏教の仏です。法華経《ほけきょう》に登場し、修行時に、人々の教えの道筋を照らすために自ら進んで両腕を焼いて燈明を灯す捨身供養《しゃしんくよう》（薬王焼臂《しょうひ》）を行なったといわれています。

薬師八大菩薩のうちの一尊とされていますが、薬上菩薩《やくじょうぼさつ》と共に釈迦如来の脇侍《きょうじ》として祀られることも少なくありません。像としては、薬壷と薬草を手に持つことが多いようです。薬上菩薩とは兄弟であったとされ、人々に良薬を分け与えて救済するという大願のために兄弟がそろって菩薩になったと伝えられています。成仏した暁には、薬王菩薩が浄眼如来《じょうげんにょらい》、薬上菩薩が浄蔵如来《じょうぞうにょらい》になるともいわれます。

阿弥陀如来の二十五菩薩にも数えられ、縁日などの基礎となる三十日秘仏《さんじゅうにちひぶつ》では毎月の二十九日を司るとされています。

メッセージ

「あなたがいま感じる痛みや不調はどこからきているのでしょうか。薬は痛みを和らげますが、その原因を消し去ることはできません。まず、あなたの生活習慣を見直してみてください。すべての偏り、ネガティブな思考を手放しましょう」

龍樹菩薩《りゅうじゅぼさつ》

大乗仏教の
基礎を築いた

PROFILE

別名⦿龍猛菩薩、小釈迦
所属⦿七高僧、真言八祖
キーワード⦿空、往生極楽

―

「空《くう》」の真理で往生極楽を願う仏

龍樹菩薩《りゅうじゅぼさつ》は、修行を通じて「空《くう》」の真理を体得し、後の大乗仏教に決定的な影響を与えた大乗仏教の仏です。一五〇〜二五〇年ごろに実在した人物で、幼い頃から広く学問に通じており、バラモン教から後に仏教に転じたといわれています。大乗仏教の始祖または大乗八宗の祖として、崇められており、密教では龍猛菩薩《りゅうみょうぼさつ》と呼ばれることもあります。

龍樹菩薩は、阿弥陀如来を師と仰ぎ、心に浄土を抱き、往生極楽を願っていました。阿弥陀の教えを中心に大乗仏教を広めて回った龍樹菩薩は、インドやチベットから中国と広域に渡って、釈迦についで尊敬されるようになりました。

日本でも、真言八祖の一尊として祀られています。また、親鸞《しんらん》の教えでは、浄土真宗の七高僧の第一祖とされ、縁日などの基礎となる三十日秘仏では毎月の十七日を司るとされています。

メッセージ

「あなたの現実世界は、自分が思い込んでいるようには存在していません。あなたがこうだと思う現実は自分の感情、状況によって変わる思い込みの世界です。移り変わる世界をただ静観することで、また違った側面が見えてくるでしょう」

Column 03

仏教の持物・法具

仏様それぞれの誓願が伝わる持物《じもつ》
もとは武器だった密教の法具

仏像の見分け方のひとつに、仏様が持っているもの（持物《じもつ》）によって理解する方法がありますが、これは、それぞれの仏様の願い、あるいは誓いを象徴したものといわれています。

仏像の多くは、右手に武器、左手に蓮華《れんげ》や水瓶《すいびょう》、宝塔《ほうとう》などを持っています。中でも武器は、仏敵や心の中の魔性、煩悩《ぼんのう》などを断ち切るもので、文殊菩薩《もんじゅぼさつ》や虚空蔵菩薩《こくうぞうぼさつ》、四天王、十二神将などが持っているのが刀剣。一方、千手観音菩薩や各明王、天部像は、金剛杵《こんごうしょ》、戟《げき》、斧《おの》、弓などを有します。

金剛杵は、中央のグリップ部分の左右に切っ先（鈷《こ》）があるものですが、その数にはひとつずつ、三つずつ、五つずつなど種類があり、それぞれ、独鈷杵《どっこしょ》、三鈷杵《さんこしょ》、五鈷杵《ごこしょ》と呼ばれます。実は、この数にも意味があるのです。密教の世界では、独鈷は独一法界（世界の唯一性）を示し、三鈷は身・口・意の三密、そして、五鈷は、五智・五仏を表すといわれて、特に重んじられています。金剛杵は、煩悩を破壊する仏の智恵の象徴として、様々な場面で用いられます。

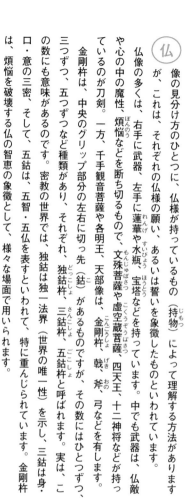

また、同じように鈷をつけた金剛鈴《こんごうれい》もあり、眠れる仏心を目ざめさせるものとして、現在では、霊場巡りでお経を唱えるときや、托鉢《たくはつ》のときにも鳴らします。これらは、仏具と区別して、密教の法具《ほうぐ》と総称される場合もあります。

薬師如来《やくしにょらい》が薬壺《やっこ》を持ち、広目天《こうもくてん》が筆、弁才天《べんざいてん》は琵琶《びわ》など、仏様は、様々な持物によって、自らの役割を人々に知らしめ、救いの手がかりを示してくれます。それはまた、教えを修める人たちの重要な法具として、今に伝えられているのです。

羂索《けんさく》

各観音菩薩、明王、天部が持つ縄。魔物を縛り上げたり、あらゆる生きものを救い上げるものです。招福や滅罪を示す重要な密教法具のひとつです。

錫杖《しゃくじょう》

釈迦が持ち歩いたといわれる杖。各観音、地蔵菩薩、明王が持っています。頭部の輪形に六個または十二個の遊環が通してあり、音が出るしくみになっています。

独鈷杵《どっこしょ》

三鈷杵《さんこしょ》

五鈷鈴《ごこれい》

金剛杵は、邪気を祓う仏の慈悲の象徴となっています。金剛鈴は、修法のときに鳴らすと、諸仏が驚き喜ぶといわれています。

第三章

明王《みょうおう》

大日如来《だいにちにょらい》の命を奉じる
憤怒《ふんぬ》の形相の厳しい仏。
強い力で悪を打ち砕き
仏の教えへと導き、救済します。

五大明王《ごだいみょうおう》

北

金剛夜叉明王《こんごうやしゃみょうおう》
（122ページ）

西

大威徳明王《だいいとくみょうおう》
（124ページ）

不動明王《ふどうみょうおう》
（128ページ）

東

降三世明王《ごうざんぜみょうおう》
（120ページ）

南

軍荼利明王《ぐんだりみょうおう》
（118ページ）

＋

八大明王《はちだいみょうおう》

烏枢沙摩明王《うすさまみょうおう》、無能勝明王《むのうしょうみょうおう》、馬頭明王《ばとうみょうおう》
（114ページ）

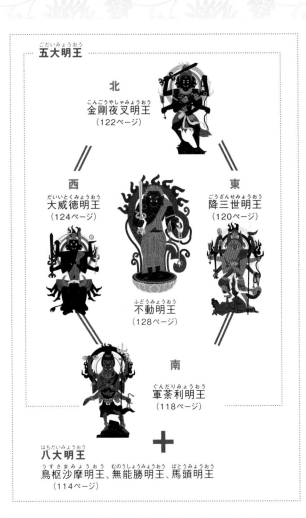

真言《しんごん》を操り、仏の教えへと導く

明王《みょうおう》は、如来《にょらい》、菩薩《ぼさつ》に次ぐ仏格をもった仏です。密教が成立する際に、インドのヒンズー教やバラモン教の神々が取り込まれたものといわれています。

明王の「明」は、サンスクリット語で「神秘的な力をもつ言葉や呪文」の意味をもっています。この呪文は真言《しんごん》のことを指していて、真言の力を身につけたもの（持明者《じみょうしゃ》）の王のことを明王と呼んでいます。

明王は、密教の最高仏である大日如来《だいにちにょらい》の命を受け、その命に忠実に従い、仏に帰依《きえ》しない民衆を帰依させる役割を担っています。非常に強い力をもち、ときに仏の教えに耳を貸さない人々を力をもって導こうとするといい、少々荒い気質をもっているようです。

憤怒《ふんぬ》の姿をとり、仏法を悪から護る

悟りや慈悲を表し穏やかな表情で描かれる如来や菩薩と相反して、明王像の多くは恐ろしい憤怒の姿をとっています。凡人たちを目ざめさせ、仏法を悪から護り、悪を退治するといった任務を、ときには力づくで行使するため、恐ろしい外貌と激しい憤怒の相で表されているようです。煩悩《ぼんのう》を焼き尽くす燃えさかる火炎を光背《こうはい》に用いた明王像が一般的に見られる形です。

明王の中でも、不動明王《ふどうみょうおう》、降三世明王《ごうざんぜみょうおう》、軍荼利明王《ぐんだりみょうおう》、大威徳明王《だいいとくみょうおう》、金剛夜叉明王《こんごうやしゃみょうおう》の五尊は「五大明王《ごだいみょうおう》」と呼ばれ、日本でも古くから信仰の対象として親しまれてきました。

また、五大明王に鳥枢沙摩明王《うすさまみょうおう》、無能勝明王《むのうしょうみょうおう》、馬頭明王《ばとうみょうおう》を加えて「八大明王《はちだいみょうおう》」と呼ばれます。

愛染明王《あいぜんみょうおう》

恋愛や染物の
ご利益がある仏

PROFILE

別名◉—

キーワード◉愛情、情欲、縁結び

勝鬘院（大阪）、金剛三昧院（和歌山）

※煩悩即菩提（ぼんのうそくぼだい）…煩悩と菩提は表裏一体で存在しているという大乗仏教の概

愛や情欲を否定せず受け入れる

愛染明王《あいぜんみょうおう》は、愛情や情欲を司るとされる密教の仏です。人間の本能である煩悩と愛欲を仏の悟りに変える力をもち、煩悩即菩提を象徴した明王だといわれます。恋愛や縁結び、家庭円満にご利益《りやく》がある仏として親しまれているほか、「愛染」が「藍染」に通じるところから染物職人の守護神としても信仰されてます。

造像の形としては、ひとつの顔と六本の手をもちます。顔は髪を逆立てた憤怒相※で、額には三つの目をもっています。六本の腕には地獄道、餓鬼道、畜生道、修羅道、人道、天道の六道《りくどう》を救う意味があります。頭には獅子の冠をかぶり、体は真紅です。宝瓶《ほうひん》の上に咲いた蓮の花の上で赤い円相か日輪を背に、足を交差させて両足の甲を反対の足の太ももの上に乗せる結跏趺坐《けっかふざ》の形で座っています。また、天に向かって弓を引く姿や、顔を二つもつ姿で表されることもあります。

メッセージ

「悟りを得るために、あなたの中にある煩悩や愛欲を、無理矢理消し去ろうとしないでください。本能は人間の生命システムに備えられた機能のひとつです。偏らず正しく満たされることで、仏の道に昇華させることができるのです」

※憤怒相（ふんぬそう）…激しい怒りを表す表情のこと

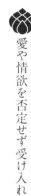

烏枢沙摩明王《うすさまみょうおう》

一切の不浄を
焼き尽くす

PROFILE

別名⦿不浄潔金剛、火頭金剛
キーワード⦿浄化

明徳寺（静岡）、宝山寺（奈良）

不浄を焼き払って浄化する力をもつ

烏枢沙摩明王《うすさまみょうおう》は、人間界と仏の世界を隔てる炎の世界に住むとわれる密教の仏です。一切の汚れを焼き尽くす功徳《くどく》をもち、不浄のものを除く力があるとされています。不浄を清める特性から、寺院のトイレなどに御札が貼られていることも少なくありません。天台宗では、金剛夜叉明王《こんごうやしゃみょうおう》に代わって、五大明王の一尊に数えられています。

造像の形は定まっていませんが、髪を火の勢いで大きく逆立たせた憤怒相で、右足を大きく上げて片足で立った姿の像が多く見られます。像や絵画ではひとつの顔に六つの手、三つの顔に八本の手で表された姿も残されており、二〜八まで複数の手をもつ形で表されることが多いようです。手には輪宝《りんぽう》や弓矢、剱《つるぎ》・三鈷杵《さんこしょ》などを持ち、蛇を巻きつけていたり、蓮華の台座の上に、両足を重ねた半跏趺坐《はんかふざ》で座っている場合もあります。

メッセージ

「あなたの抱える悪い習慣を手放してください。身体、環境、精神、心に溜まった毒を抱え続けながら、あなたの人生に悟りと極楽を招き入れることはできません。可能な限り自然を取り入れ、身体と感情のデトックスを心がけてください」

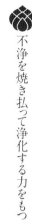

孔雀明王《くじゃくみょうおう》

人々から毒や苦悩を取り去る仏

PROFILE

別名◉仏母孔雀明王、孔雀王母菩薩
キーワード◉解毒

仁和寺（京都）、金剛峯寺（和歌山）

女性が前身の穏やかな明王

孔雀明王《くじゃくみょうおう》は、人々の煩悩や苦痛を取り除く功徳《くどく》があるとされる密教の仏です。明王の中で珍しく憤怒相をしていないのは、もとが女性だからとされています。孔雀明王が誕生したインドでは孔雀が毒蛇の天敵だと考えられていたことから、毒から守り、毒を取り除く力を備えているとされ、広く崇められるようになりました。

造像の特徴としては、明王には珍しく慈悲を示す菩薩に似たやさしい顔立ちをしていて、孔雀の羽をもち、孔雀の上に座っています。ひとつの顔に四本の手という姿でよく表されますが、胎蔵界《たいぞうかい》曼荼羅《まんだら》では手が二本（二臂《にひ》）、本尊として祀られる像は手が四本（四臂《しひ》）、仁和寺の画像では三つの顔に六本の手（三面《さんめん》六臂《ろっぴ》）など、バリエーションも見られます。手が四本の場合には、倶縁果※、吉祥果※、蓮華、孔雀の尾を手にしています。

メッセージ

「わたしはあなたの感情や考えから恐れ、怒り、批判を取り除くために存在しています。いまあなたが不満や苦痛にさいなまれているなら、わたしの名を呼び、浄化を祈ってください。愛を基本にした考えや感情、行動に変えていきましょう」

※倶縁果（ぐえんか）…レモンのこと。気を増すといわれている
※吉祥果（きちじょうか）…ザクロのこと。魔を払うといわれている

軍荼利明王《ぐんだりみょうおう》

蛇を巻きつけ
煩悩を退治する

PROFILE

別名◉軍荼利夜叉明王

所属◉五大明王

キーワード◉調伏、息災、敬愛

東寺（京都）、大覚寺（京都）

調伏・息災・敬愛の功徳がある仏

軍荼利明王《ぐんだりみょうおう》は、障害を取り除く力をもち、※調伏・息災・敬愛の功徳があるとされる密教の仏です。宝生如来《ほうしょうにょらい》が変化した姿だとされ、五大明王の一尊として、不動明王の南に配されます。その姿には手足に蛇をまとうという特徴があり、この姿は「※煩悩即菩提」を意味しています。蛇は欲の象徴であることから、蛇を巻きつけて押さえつけるその様子は煩悩を退治することを表すと考えられています。

造像の形としては、ひとつの顔に八本の手をもつ姿（一面八臂《いちめんはっぴ》）で表されることがほとんどです。顔には三つめの目があり、憤怒相です。八本の手のうち二本の腕を胸の前で交差させた羯磨印《かつまいん》を結び、その先の手は親指と小指を折り曲げてほかの指は伸ばした三鈷印《さんこいん》を結んでいます。残りの手は、手を上げて掌を前に向けた施無畏印《せむいいん》を結んだり、腰に置いたり、武器や斧を持ったりしています。

メッセージ

「あなたはいま人生に何かの障害を抱えていると感じていますか。目に見えている状況がいまはまだ混沌としているようでも、この状況に感謝し愛を送ることでよい変化が訪れます。不安や恐れをわたしにすべて預けてください」

※調伏（ちょうぶく）…内外の悪を打破すること
※煩悩即菩提（ぼんのうそくぼだい）…P.112参照

降三世明王《ごうざんぜみょうおう》

過去から未来まで
煩悩を退治

PROFILE

別名◉ —

所属◉五大明王

キーワード◉時間、過去・現在・未来

東寺（京都）、大覚寺（京都）

ヒンズー教の神を勇ましく踏み台に

降三世明王《ごうざんぜみょうおう》は、五大明王の一尊として、不動明王の東に配される密教の仏です。金剛薩埵が姿を変えた形であるともいわれ、三つの世界を降伏※するところから降三世と呼ばれます。三つの世界とは、過去・現在・未来の時間と、貪欲・瞋恚※・愚痴の三つの煩悩（三毒《さんどく》）を指し、過去から未来まで人々の煩悩をすべて降伏させる力をもつ仏なのです。

両足でヒンズー教の神シヴァと妻ウマを踏みつけている姿で表され、三つの顔と八本の手をもつ姿（三面八臂《さんめんはっぴ》）が一般的ですが、ひとつの顔に二本の手（一面二臂《いちめんにひ》）、ひとつの顔に四本の手（一面四臂《いちめんよんひ》）、四つの顔に八本の手（四面八臂《よんめんはっぴ》）などで表されることもあります。通常は、八本のうち二本の手で、両手の小指を絡めて胸の前で交差する降三世印を結びます。残りの手は弓矢や矛などの武器を構えています。

メッセージ

「いまあなたが直面している状況は、過去世や未来世の記憶や体験と深いつながりがあります。あなたが前へと進むことを滞らせている状況を解き放つために、過去や未来に存在する苦しみ、煩悩をすべて手放しましょう」

※降伏（ごうぶく）…法力により、邪悪なものを打ち負かすこと
※瞋恚（しんい）…怒りの心

金剛夜叉明王《こんごうやしゃみょうおう》

五つの目で
世界を睨みつける

PROFILE

別名⦿—
所属⦿五大明王
キーワード⦿雷、戦勝

東寺（京都）、大覚寺（京都）

インド由来の敵を打ち破る力

金剛夜叉明王《こんごうやしゃみょうおう》は、※調伏・息災のご利益《りやく》がある密教の仏です。古代インド神話に登場する神ヴァジュラ・ヤクシャが仏教に取り入れられた明王で、日本では敵を打ち破る「戦勝祈願の仏」としても親しまれてきました。ヴァジュラ・ヤクシャは雷を放つ神で、そこから転じて金剛夜叉明王はあらゆる障害をも貫く堅固な力をもつとされています。五大明王の一尊として不動明王の北に配されますが、天台宗教では金剛夜叉明王の代わりに烏枢《うす》沙摩明王《さまみょうおう》が祀られます。

三つの顔と六本の手をもつ姿が一般的な形で、正面の顔に五つの目があることが特徴です。五つの目をもつ姿は、明王の中では金剛夜叉明王だけです。左右の二つの顔は、三つの目をもち、髪は逆立ち、恐ろしい憤怒相をしています。六本の手には、名前の由来である金剛杵《こんごうしょ》や弓矢や長剣、金剛鈴などを構えています。

メッセージ

「夢を実現するために必要なのは、強い意志をもち続けること。安全な道を選ぶのではなく、あなたが心から望む方向へと大胆に行動を起こしましょう。リスクを恐れずに進むとき、わたしが共にあってすべての障害を打ち破りましょう」

※調伏（ちょうぶく）…P.119参照

大威徳明王《だいいとくみょうおう》

憤怒相を見せる
文殊菩薩の化身

PROFILE

別名⦿降閻魔尊、六面尊、六足明王
所属⦿五大明王
キーワード⦿戦勝祈願

東寺（京都）、大覚寺（京都）

※六波羅蜜（ろくはらみつ）…P.53参照

水牛に乗る戦勝祈願の神

大威徳明王《だいいとくみょうおう》は、戦勝祈願の神として崇められる密教の仏です。阿弥陀如来を本体として、文殊菩薩が変化した姿です。五大明王の一尊として、不動明王の西に配されます。降閻魔尊《ごうえんまそん》とも呼ばれ、その名のとおり死の神である閻魔を倒すとされています。

造像の形としては、六つの顔と阿弥陀如来の顔、そして六本の手足をもった六《ろく》面六臂六足《めんろっぴろくそく》の姿で、神の使いである水牛にまたがっているという特徴があります。二本以上の足をもつ明王は、大威徳明王だけです。その姿形から六面尊《ろくめんそん》、六足明王《ろくそくみょうおう》と呼ばれることもあります。

阿弥陀如来の顔は、阿弥陀如来がこの明王の本体であることを指し、六つの顔は六道《りくどう》を見渡す意味を、六本の手は修行項目である六波羅蜜※への精進を、六本の足は修行によって身につく六神通※を発揮できることを表しています。

メッセージ

「あなたが心の奥底で感じていること、衝動、度重なる思いを気のせいと片付けないでください。衝動は、夢を実現し、それに向かって突き進むための起爆力です。聖なる衝動に沿って行動するとき、あなたは勝利を手にするでしょう」

※六神通(ろくじんずう)…天眼通、天耳通、他心通、宿命通、神足通、漏尽通の六つの神通力のこと

大元帥明王《だいげんすいみょうおう》

悪鬼神から
改心して国を守る

PROFILE

別名⦿太元明王

キーワード⦿必勝祈願、国土防衛

東寺（京都）、秋篠寺（奈良）

※不殺生戒（ふせっしょうかい）…不殺生・不偸盗・不邪淫・不妄語・不飲酒の五戒のこと

広く崇拝されながらも彫像はレア

大元帥明王《だいげんすいみょうおう》は、敵や悪霊の降伏《こうぶく》の功徳《くどく》をもつ密教の仏です。古代インド神話に登場する神アータ・ヴァカが仏教に取り入れられたといわれています。アータ・ヴァカは、林に住み、子どもや弱者を喰らう悪鬼神でした。それが仏の教えを知り「不殺生戒」※の誓いのもとに、軍神として国を守る役割を担うことになりました。以降、必勝祈願や国土防衛の仏として崇められてきました。

平安時代から広く崇拝されてきましたが、尊像の造顕奉置※が禁止されていたため、彫像として国内に残るのは秋篠寺《あきしのでら》の一体のみで、顔がひとつで六本の手をもつ姿（一面六臂《いちめんろっぴ》）の憤怒相で、髪は逆立っています。たくましい体つきで体や腕に蛇が巻きつき、六本の手には武器を構えています。真言宗においては「帥」の字は発音しないため、太元明王《だいげんみょうおう》と記されることもあります。

> メッセージ
>
> 「すべての体験、行為に間違いはありません。失敗した原因を追い続け、状況に居続けるとき、救いを見つけることはできません。高い意識にフォーカスし、状況を高い視点から見つめてください。変化はあなたの心ひとつで起こります」

※造顕奉置（ぞうけんほうし）…仏像などを造ったり、祀ったりすること

不動明王《ふどうみょうおう》

古くから親しまれる
全国各地のお不動さん

PROFILE

別名⦿大日大聖不動明王、無動明王、無動尊、不動尊
所属⦿五大明王、十三仏
キーワード⦿真実の言葉

瑞巌寺（宮城）、新勝寺（千葉）、園城寺（滋賀）、青蓮院（京都）、東寺（京都）、聖護院（京都）、宝山寺（奈良）、高野山明王院（和歌山）

※根本尊（こんぽんそん）…おおもととなる存在

明王の中でも最強の言葉と力をもつ

不動明王《ふどうみょうおう》は、智恵から生まれた真実の言葉をもつといわれる密教の仏です。密教の根本尊である大日如来の化身で、強大な力をもっています。明王の中でも最も優れた存在であり、五大明王では中心に位置します。悪を降伏するためにあえて恐ろしい姿に身を変化させ、人々に畏怖の念を与えることで無理矢理にでも仏道に導いて救済しようとしています。

日本では「お不動さん」として親しまれ、地域の不動尊を連携させた不動霊場札めぐりなども行なわれています。大日大聖不動明王《だいにちだいしょう》、無動明王《むどう》、無動尊《むどうそん》、不動尊《ふどうそん》などとも呼ばれています。

縁日などの基礎となる三十日秘仏では毎月の二十八日を司り、年初の二十八日の「初不動《はつふどう》」をはじめとした縁日は多くの参拝客でにぎわいます。また死者を弔う十三仏《じゅうさんぶつ》の初七日の本尊として亡者の未練を断ち切り、心願成就※へ向かわせるとされています。

※心願成就（しんがんじょうじゅ）…心に強く願っていることが、仏に認められ、願いが達成されること

インドや中国より日本でなじみ深い

インドから中国を経て密教と共に日本に伝えられた不動明王ですが、インドや中国では単体で信仰されることはほとんどありません。日本では独自の信仰を広めることとなり、日本独自の経典、仏説聖不動経《ぶっせつしょうふどうきょう》では不動明王自身が教えを説いています。

平安時代に国家鎮護のご利益《りやく》があるとして崇められた不動明王は、次第に厄病退散や安産を祈る信仰の対象へと変化していきました。不動参りの縁日がにぎやかに催されるようになったのも、不動信仰が大衆にまで広まった証です。

時代で様相が変わる不動明王像

平安初期などの古い不動明王像は、両目を正面に向けて見開き、前歯で下唇を噛み、左右の牙を下向きに出した表情で作られていました。ところが、十世紀に天台宗の僧、安然《あんねん》が『不動十九観』をまとめてからは、左右の目が異なる天地眼や右の牙を上に左の牙を下に出した姿を取った像が多く作られるようになりました。天地眼の例としては、右目を見開き左目をすがめるか、右目で天を左目で地を睨むかのどちらかが多いようです。

ひとつの顔に二本の手という姿（一面二臂《いちめんにひ》）が一般的で、体はやや肥満した童子形で醜い青黒い色で塗られていることがほとんどです。怒りで逆巻く髪は弁髪でまとめ上げられ、法具はほとんどつけない軽装で、法衣は片袖を破って結んでいます。右手に降魔《ごうま》の三鈷剣、左手に縄のような羂索《けんさく》を握りしめ、背中に迦楼羅焔《かるらえん》という炎を背負っています。

メッセージ

「あなたの夢を実現するために聖なる“言霊”の力を遣ってください。自分が意図すること、望むことを明確にし、自分がどうありたいかを端的な言葉でまとめ、それを口に出して宣言しましょう。言霊は、燃え盛る炎のようにあなたの情熱に火を放ちます。あなたの中心と意図に不動であってください」

Column 04 仏教の教え①

この世のすべては「苦」 一切の煩悩を滅し、悟りの境地へ至るには…

仏教の最終目標は、「涅槃寂静《ねはんじゃくじょう》」。煩悩《ぼんのう》を消滅させ、静かで安らかな境地に至ることです。しかし、それは、簡単にはたどり着くことのできない、はるか遠い道のりです。

私たちは、何度生まれ変わっても、つねにたくさんの煩悩に苛《さいな》まれます。その数は除夜《じょや》の鐘の百八つどころではないかもしれません。

仏陀は、この世の一切が苦だと唱えました。四苦八苦の四苦は生病老死《しょうびょうろうし》。八苦はこれに、人生で出会う四つの苦しみ「愛別離苦《あいべつりく》」「怨憎会苦《おんぞうえく》」「求不得苦《ぐふとっく》」「五蘊盛苦《ごうんじょうく》」を加えたもの。愛する人やモノと別れる苦しみ、恨み憎む対象と出会う苦しみ、求めても得られない苦しみ、そして、執着することから生まれる苦しみです。つまり、どんなに楽しいことも、気持ちのよいことでも、すべては苦のはじまり（一切皆苦《いっさいかいく》）となるわけです。その根源が煩悩です。

苦の根本的な原因は、「無明《むみょう》」、つまり、何も知らないこと。知らないからこそ、人は怒りや欲望にまみれ、自ら苦を増幅させてしまう。様々な煩悩は無明から生まれます。仏陀はそのしくみを十二の段階に分けて説明しました。

「無明―行《ぎょう》―識《しき》―名色《みょうしき》―六入《ろくにゅう》（六処《ろくしょ》）―触《そく》―受《じゅ》―愛《あい》―取《しゅ》―有《う》―生《しゅう》―老死《ろうし》」

無明のままに間違った行為（行）をすると、その行為は間違った認識（識）を生みます。その誤った認識によって、自分の心身ができ上がります（名色）。身体には五つの感覚器官（眼・耳・鼻・舌・身）と意識が備わります（六入）。それらによって、対象を感知し、外界と接し（触）、それを感受（受）すると、欲求が芽生えます（愛）。その欲望を果たすことに執着し（取）、心をもつようになり（有）、いったん肉体が滅びても、輪廻《りんね》によって生まれ変わる（生）。そして、再び老いて死ぬ（老死）。この繰り返しを「十二縁起《えんぎ》」といいます。

この世のものはすべて、因（直接的原因）と縁（間接的原因）によって発生し、常に変化して止まることはないと仏陀はいいます。この無常をしっかり認識することから、悟りははじまるのです。

◉「四苦八苦」の区分

四苦	八苦
生苦《しょうく》	愛別離苦《あいべつりく》
老苦《ろうく》	怨憎会苦《おんぞうえく》
病苦《びょうく》	求不得苦《ぐふとっく》
死苦《しく》	五蘊盛苦《ごうんじょうく》

第四章

天《てん》・守護神《しゅごしん》

天上界に住まう
超人的な力をもつ仏。
仏法《ぶっぽう》を守護し、
種々の仏たちをガード。

四天王

持国天《じこくてん》
（164ページ）
国を治める力をもつ国家安泰の仏

増長天《ぞうじょうてん》
（168ページ）
伸びる力をもつ商売繁盛の仏

広目天《こうもくてん》
（156ページ）
千里眼のような目をもつ無病息災の仏

多聞天《たもんてん》（毘沙門天《びしゃもんてん》）
（180ページ）
多くを聞き学び財宝を生み出す強力な力をもつ仏

十二天

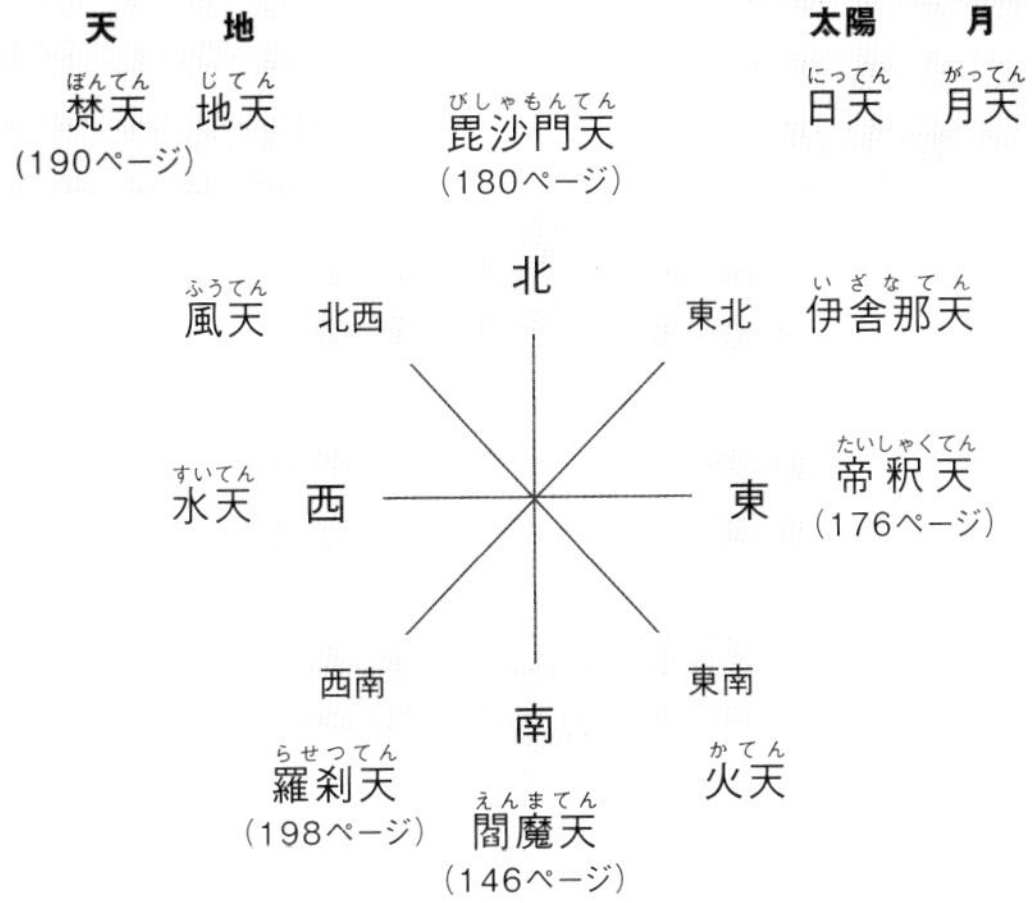

仏法《ぶっぽう》を護る天上の守護神

天《てん》とは、天空や天上界に住まう者の意味をもつ古代インドの神々で、これらの神々を仏教に取り入れて守護神としたものです。

如来《にょらい》、菩薩《ぼさつ》、明王《みょうおう》は、人々や生きものの救済を目的としているのに対し、天の諸尊は、仏法または仏法を信仰する者たちを外敵から護る、護法神《ごほうじん》としての役割があります。また、福徳神《ふくとくしん》として、現世利益的な性格も併せもっています。古くからの神々をモデルにしているため、仏教思想をベースに表された如来や菩薩、明王像などに比べてより俗人に近い形相で造像されることもしばしば。その姿は、人間に近い男女神から鳥獣や鬼神の類まで、実に様々です。

四方に配置され、仏たちをガード

天には男性神と女性神の区別があり、一般的には、梵天《ぼんてん》、帝釈天《たいしゃくてん》、四天王《してんのう》、阿修羅《あしゅら》、十二神将《じゅうにしんしょう》などの「武神」、大黒天《だいこくてん》、歓喜天《かんぎてん》などの「福神」、吉祥天《きっしょうてん》、弁才天《べんざいてん》、鬼子母神《きしもじん》などの「女神」に分けられます。

如来、菩薩、明王などの密教世界の中心を護るように四方を守護している天は、「四天王《してんのう》」と呼ばれています。四天王は、東方を護る持国天《じこくてん》、南方を護る増長天《ぞうじょうてん》、西方を護る広目天《こうもくてん》、北方を護る多聞天《たもんてん》で構成されています。

この東西南北の四方に四維《しい》と天地を加えた十方を護る、帝釈天《たいしゃくてん》、火天《かてん》、閻魔天《えんまてん》、羅刹天《らせつてん》、水天《すいてん》、風天《ふうてん》、毘沙門天《びしゃもんてん》、伊舎那天《いしゃなてん》、梵天《ぼんてん》、地天《じてん》に、日天《にってん》と月天《がってん》を加えたものが「十二天《じゅうにてん》」と呼ばれます。

阿修羅《あしゅら》

太陽や戦いの神から
闇の世界の支配者へ

PROFILE

別名⦿修羅

所属⦿八部衆

キーワード⦿太陽、火、魔、戦い

三十三間堂（京都）、法隆寺（奈良）、興福寺（奈良）

争いの絶えない修羅界を支配する

阿修羅《あしゅら》は、正義と命を司る仏神です。バラモン教のアスラが仏教に取り入れられて、仏教の守護神となりました。アスラはもともと古代インドの神族の総称で、バラモン教においても命を司る善神であり、次第に悪神に変化していったとされています。

仏教において阿修羅は釈迦如来《しゃかにょらい》に仕える神として、密教で仏法を守る八部衆《はちぶしゅう》の一尊に数えられます。八部衆はすべてバラモンから取り入れられた神で構成されています。

インドで太陽の神や火の神として崇められた阿修羅は、仏教においては戦いを象徴する神仏とされていて、※六道のひとつ修羅道を支配しています。修羅道は須弥山《しゅみせん》と持双山《じそうさん》に挟まれた海の水深十八万キロの海底にあるとされ、自らの信念を曲げない自意識過剰でうぬぼれの強い人ばかりが集まる、争いが絶えない世界だとされています。

※六道（ろくどう）…人間が輪廻する六つの迷界。（地獄道、餓鬼道、畜生道、修羅道、人間道、天道）

三つの顔に六本の手をもつ像が特徴

阿修羅の姿は三種に表されますが、造像の形として最も一般的なのが、三つの顔に六本の手をもち（三面六臂《さんめんろっぴ》）、戦いの神であるのに武具を身につけずに上半身をはだけている姿です。そのほか、鎧をつけ、二本の手をもち両脇侍《きょうじ》をおいた三尊像、上半身裸に両脇侍の頭部をつけて三面、手が四本の像などもあります。

持物《じもつ》としては、二本の手で合掌印を結び、残りの手には火や水の玉（水晶）や鉤《かぎ》、刀などを持つことが多いですが、定まった形ではありません。

繰り返される帝釈天との因縁の戦い

インド神話においてアスラは正義の神であり、力の神・インドラとの確執が伝えられています。乱暴なところもあるインドラがアシュラの娘を無理やり奪ったことで、アスラが武器を手にインドラに挑みます。しかし、力の神であるインドラに、武力でかなうわけはなく、アスラはインドラとの戦いに敗れて滅びるも、何度も甦ってはインドラに戦いを挑み続けています。

仏教ではアスラを魔神阿修羅《あしゅら》、インドラを護法《ごほう》の神帝釈天《たいしゃくてん》として、釈迦の守護神に取り入れました。伝承の内容や構造はそのまま、舞台を須弥山《しゅみせん》や天界などに差し替えた逸話も伝えられています。

一説によると、正義の神であった阿修羅は、正義に固執して帝釈天との戦いを繰り返す中で、善心を失い、争いの猛者と化したとされています。そこから、悪神としての阿修羅のイメージが広まったともいわれます。

メッセージ

「正義は捨身、献身の心なくしては行なえません。社会では社会的に認められない悪行を排除する正しい力、正しい暴力ともいわれますが、正義と悪とは紙一重です。あなたが正義を感じるとき、それが社会的なものか個人的な信念なのかをよく見極めてください。そして献身の心からそれを実行してください」

韋駄天《いだてん》

少年の姿で子どもを
病から守る

PROFILE

別名⦿韋陀、韋天将軍
キーワード⦿走力

萬福寺（京都）、泉涌寺（京都）

仏舎利を盗んだ鬼を追った俊足の神

韋駄天《いだてん》は、僧房や寺院を守り、子どもの病魔を除くとされる仏神です。ヒンズー教の神スカンダが仏教に取り入れられて、仏教の守護神となったものです。スカンダは、ヒンズー教における中心的な神、シヴァの息子で、ガネーシャ（歓喜天《かんぎてん》）の弟でもあるとされています。また、四天王の南側、増長天《ぞうじょうてん》に使える将軍神であり、四天王各自の八将軍神をあわせた三十二将軍神のトップに君臨する重要な神です。大乗仏教の経典によると韋駄天は、仏陀入滅《にゅうめつ》後に仏舎利※の一部を奪って逃げた鬼を、俊足で追って取り戻したといわれています。修行を妨げる魔を走ってきて追い払う神として、僧房や寺院を守り、また、子どもの病魔を除く神としても親しまれています。唐風の甲冑に身を包んで剣を持つ武将の姿が一般的で、六つの顔と十二本の手をもつ少年の姿で表されることも多いようです。

メッセージ

「あなたの繊細さを守るために、日常の中に自分の聖域、居場所を作ってください。現実の空間でもイメージの上の場所でもかまいません。そしてそこにいるとき、あなたはいつも大いなる天の愛に護られていることを知ってください」

※仏舎利（ぶっしゃり）…仏陀の遺骨

一字金輪仏頂《いちじきんりんぶっちょう》

大日如来が説く
真言を表す仏

PROFILE

別名⊙釈迦金輪、大日金輪

キーワード⊙ボロン、金輪

中尊寺（岩手）

経典によって姿が異なる

一字金輪仏頂《いちじきんりんぶっちょう》は、深い瞑想の境地に入った大日如来《だいにちにょらい》が説いた一字の真言、「（ボロン）」を表すとされる密教の仏です。経典によって如来形の釈迦金輪《しゃかきんりん》と菩薩形の大日金輪《だいにちきんりん》の二種類に分かれます。

釈迦金輪は、仏陀の頭頂にある肉髻《にっけい》から生まれ、須弥山の上で月輪もしくは日輪の中に座る姿で表されます。大日金輪は、大日如来に次ぐ重要な仏で、如来が真理を見つめる眼を表した仏、仏眼仏母《ぶつげんぶつも》と表裏一体の存在であるとされます。一字金輪仏頂を本尊とする世界観を描いた一字金輪曼荼羅《いちじきんりんまんだら》では、中央の大日金輪を仏眼仏母と七宝※が囲む形で描かれることがほとんどです。七匹の獅子が支える白蓮華《れんげ》の上で日輪の中に座り、金剛界の大日如来同様に左の人差指を立てて右手で握る智拳印《ちけんいん》を示す姿が見られます。

メッセージ

「わたしは太陽から発せられる力の根源。すべてを実現化する力です。何かを打ち破りたいとき、そして強く実現化を望むとき、わたしの名を呼び“ボロン”と唱えて瞑想してください。あなたの夢を妨げる一切の障害を取り除き、浄化します」

※七宝（しちほう）…P.49参照

閻魔天《えんまてん》

冥界の王として
死者の罪を裁断

PROFILE

別名⊙焔魔天、閻魔大王
所属⊙八部衆、十二天
キーワード⊙心の闇、冥界

華徳院（東京）、延応寺（神奈川）、引接寺（京都）、白毫寺（奈良）

人類初の死者で、冥界への道を開く

閻魔天《えんまてん》は、焔魔天《えんまてん》としても知られる、冥界の王とされる仏です。古代インドの冥界の王ヤーマが仏教に取り入れられて、仏教の守護神になったものです。もともとヤーマは、世界ではじめてこの世に生を受けた人間であり、またはじめての死者であったとされます。冥界を訪れるはじめての人間であったために死者のための道を見つけることとなり、そのまま冥界の王になりました。

仏教において閻魔天は釈迦如来《しゃかにょらい》に仕える神として、密教で仏法を守る八部衆《はちぶしゅう》（天龍八部衆、龍神八部衆）の一尊に数えられます。なお、八部衆はすべてバラモン教から取り入れられた神で構成されています。

また、閻魔天はそれぞれ方角八方と天地・日月のいずれかを司る十二天のうちの一尊としても数えられており、密教の曼荼羅《まんだら》では南の方角を守護するとされます。

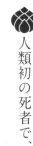

人頭付きの特徴的な杖を持つ閻魔像

造像の形としては、先に人の頭が乗った杖を手にしているのが特徴的です。人頭杖、檀拏杖《だんだじょう》などと呼ばれるその杖の先には、お皿状のものの上に人の頭が乗っています。お皿状のものが人の一生を照らし、頭は裁かれる亡者の生前の様子を細かく見て善悪を判断するとされています。

閻魔天自身は、ひとつの顔と二本の手という、人間に近い姿（一面二臂《いちめんにひ》）をしています。水牛に乗っていることや、亡者の生前の罪を裁断する十人の裁判官・十王を従えていることもあります。

日本における閻魔と地蔵の融合信仰

延寿や病気平癒のご利益がある閻魔天ですが、日本では地蔵菩薩《じぞうぼさつ》の化身であるとされています。

仏教はインドで生まれ、中国を経て日本に伝わってきましたが、その過程において様々な変化を見せてきました。閻魔天についても、閻魔大王や焔魔天とは別の存在であったものが次第に融合されていったという説をはじめ、同じものが時期を違えて入ってきたために違うものとして広まったという説など諸説があります。

中でも有力なのが、中国で仏教が道教と習合していく過程で、地獄を支配する閻魔大王と地獄から人々を救う地蔵菩薩の存在が閻魔天として同一視されていったという説です。日本でも、平安時代後期以降、鎌倉時代をへて閻魔天と地蔵菩薩を同一視する信仰が広まりました。現在でも、閻魔地蔵菩薩《えんまじぞうぼさつ》など、融合された本尊が各地に祀られています。

メッセージ

「死は生命の循環のプロセスです。生から死というサイクルを経て、また新たな生命が生み出されます。闇を恐れないでください。心の目を開くことで、暗闇の中でも真実は必ず見つかります。人生のある期間、闇の中にいると感じたときも、そのゴールには必ず光が待っていることを知ってください」

歓喜天《かんぎてん》

欲望を叶えて
平穏をもたらす

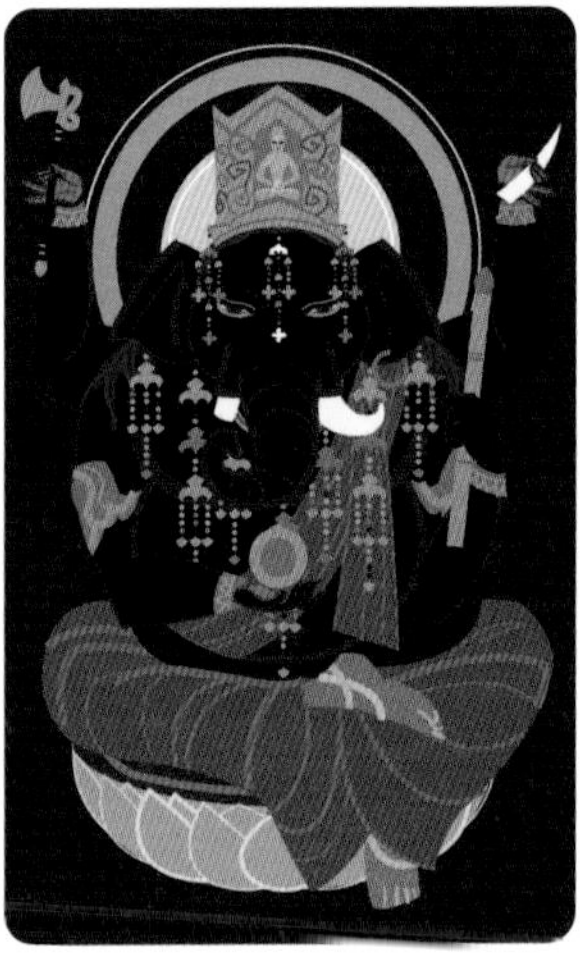

PROFILE

別名◉聖天、歓喜自在天、大聖歓喜天
キーワード◉双身、象

本龍院（東京）、宝山寺（奈良）

秘仏として公開されない男女一体像

歓喜天《かんぎてん》は、厄払いや夫婦円満などを司る男女一体の姿の仏です。ヒンズー教の神、ガネーシャが仏教に取り入れられたものです。ガネーシャは、象の頭で人間の身体をした姿で描かれます。ヒンズー教の中心神のひとり・シヴァ神の息子で、スカンダ（韋駄天《いだてん》）の兄であるとされ、密教では、大日如来もしくは観音菩薩《かんのんぼさつ》の化身であるといわれます。

歓喜天は、元々、大変な乱暴者だったといわれ、人々を苦しめる行ないに心を痛めた十一面観音が彼を説得し、美女と結ばれることと引き換えに仏法を信仰することになります。この逸話から、歓喜天は男女二体が抱き合う形で表されることも多く、人々の欲望を成就させることで心を静めて、厄《やく》や障害《しょうがい》を取り除くご利益《りやく》があります。また夫婦一体の神であることから、恋愛成就や夫婦円満、安産や子宝の神としても信仰されています。

メッセージ

「幸福は喜びの力によってもたらされます。向上心と努力はとても大切ですが、苦の心に喜びは生まれません。目標を小さなステップに分け、それを達成するたびにあなた自身を祝福してください。祝福はさらなる前進のパワーを呼ぶでしょう」

鬼子母神《きしもじん》

子どもを抱いた
天女のような神

PROFILE

別名◉訶梨帝母

キーワード◉子授け、安

真源寺（東京）、園城寺（滋賀）

子を食べる鬼から子育ての守護神に

鬼子母神《きしもじん》は、子授けや子育て、安産などを司る神仏です。インドの鬼神の妻である鬼女から仏教の守護神となりました。五百人の子をもつ母でありながら人間の子どもをさらって食べ続けていた鬼女に、釈迦《しゃか》は鬼女が最も大切にしていた末っ子の姿を隠し、子を失う母の苦しみを悟らせたといいます。以降、鬼女は仏教に帰依《きえ》し、鬼子母神として子授けや子育てと安産の守り神、また盗難除けの守護神を務めるようになりました。

子どもをひとり胸に抱いた天女のような姿で表され、手には吉祥果《ザクロ》を手にしているのが一般的です。吉祥果を持っているのは、「今後子どもを食べたくなったら吉祥果を口にしなさい」と釈迦に諭されたためだといわれています。法華経《ほけきょう》の中では十羅刹女《じゅうらせつにょ》と共に法華信仰者を守護すると示されていて、法華信仰者の守護神としても扱われています。

メッセージ

「ザクロの花は優雅な美しさ、円熟した優美、実は結実を表します。あなたのこれまでの努力は円熟し、実を結ぼうとしています。あなたの本心から望むことに向かって誠意と共に努力するとき、ザクロの恵みがもたらされるでしょう」

吉祥天《きっしょうてん》

将来は如来になる
美と富の象徴

PROFILE

別名⦿功徳天

キーワード⦿美、富貴

福光園寺（山梨）、浄瑠璃寺（京都）

元はインドで広く信仰される女神

吉祥天《きっしょうてん》は、美と幸福と富を象徴し、財宝や五穀豊穣、商売繁盛、天下泰平、家内安全などのご利益《りやく》がある仏です。

ヒンズー教の女神・ラクシュミーが仏教に取り入れられたもので、北方の守護神・毘沙門天《びしゃもんてん》の居所に住み、未来には成仏して吉祥摩尼宝生如来《きちじょうまにほうしょうにょらい》になるといわれています。ラクシュミーは、現在でもインドで広く信仰されていて密教では、大日如来《だいにちにょらい》の化身で、鬼子母神《きしもじん》の子どもであり、毘沙門天の妃だとされています。

大乗仏教の経典のひとつで、護国三部経《ごこくさんぶきょう》の金光明経《こんこうみょうきょう》に登場し、日本では奈良時代から広く信仰を集めました。ふくよかな美女として七福神の一柱にも数えられた時期もあり、弁才天と人気を二分していました。現在の七福神には紅一点として弁才天《べんざいてん》が数えられています。造像の形としては、唐の貴婦人を思わせる姿がほとんどです。

メッセージ

「愛するということは、豊かさと美しさを生み出します。あなたがしようとしていることが何であれ、いつも愛の心と共にそれを行なってください。行為の中に愛が組み込まれると、それは自然と豊かさを引き寄せることになるのです」

広目天《こうもくてん》

四天王の一員として
西側を守る

PROFILE

別名◉—
所属◉四天王
キーワード◉千里眼

四天王寺（大阪）、東大寺（奈良）

無病息災のご利益で信仰を集める

広目天《こうもくてん》は、帝釈天《たいしゃくてん》に仕え、悪の改心や無病息災のご利益《りやく》があるとされる仏です。バラモン教やヒンズー教から仏教に取り入れられた帝釈天と共に、仏教の守護神となり、初期仏教の経典、増一阿含経《ぞういつあごんきょう》などに登場し、生前の釈迦《しゃか》から仏法を守るように託されたといわれています「浄土《じょうど》眼《がん》」と呼ばれる千里眼で目を広く行き渡らせて、悪を改心させる力をもちます。

仏教の世界観で中心にそびえるとされる須弥山《しゅみせん》を守る四天王の一尊で、須弥山の中腹で西の門を守っています。その像は仏堂の中では須弥山を象徴する一段高い壇（須弥壇《しゅみだん》）の西側に配され、独尊で祀られることはほとんどありません。

造像の形としては、甲冑を着けて天衣をまとった唐の武将のような姿で表されることが多く、手には巻物と筆を持っています。邪鬼もしくは岩座《いわざ》、岩座上の邪鬼を踏みつけている場合もあります。

メッセージ

「あなたの心の中にある闇の部分を認めてください。闇は忌み嫌うものでも、あなたの存在を脅かすものでもありません。しかし、そこにはあなたの行動を制限する満たされない感情が残っています。それらを認め、すべてを開放しましょう」

金剛力士《こんごうりきし》

釈迦如来を守るために
分身して寺院前に立つ

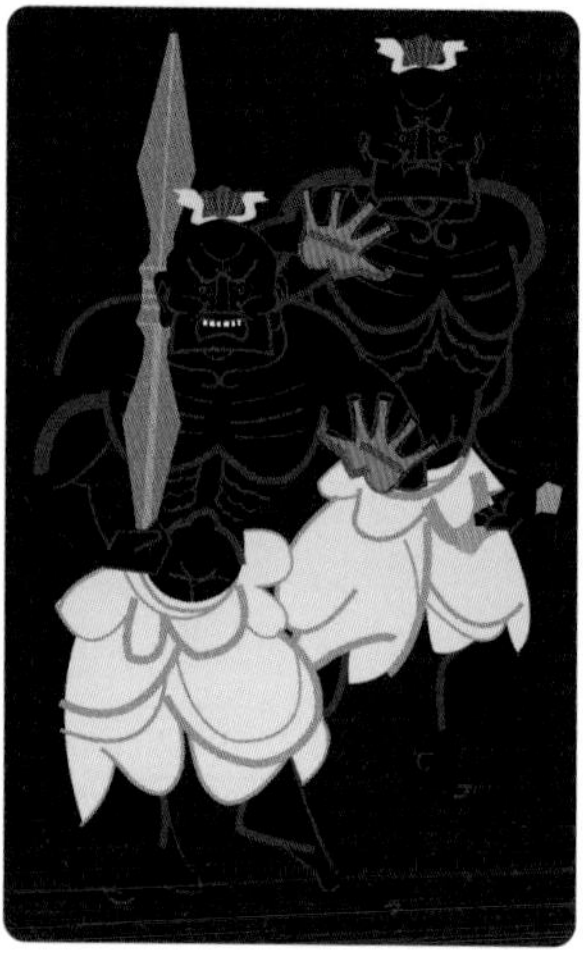

PROFILE

別名⦿仁王

キーワード⦿阿・吽の呼吸

観音教寺（千葉）、三十三間堂（京都）、東大寺（奈良）、興福寺（奈良）、法隆寺（奈良）

釈迦に仕えようと身分を捨てた王子

金剛力士《こんごうりきし》は、帝釈天《たいしゃくてん》の化身であるとされる仏教の守護神の一尊です。釈迦に仕えるために力士になったインドの王子がもととされ、仏敵を滅すために金剛杵《こんごうしょ》を持っていることから金剛力士の名がつきました。初期仏教の経典、増一阿含経《ぞういつあごんきょう》に、釈迦如来の警護をする者として登場します。

金剛力士は、仁王《におう》として、一般の人からも親しまれる存在です。金剛力士が如来の警備を務めていたとされることから、寺院の境内や伽藍※を守るために敷地の境界に金剛力士像を配するようになりました。門の護衛には、単体よりも左右二体の方が都合が良いことから二体一対で表されるようになり、「二王」が、「仁王」と変化し、現在のように呼ばれるようになったといわれます。

一般的には、独尊の場合は執金剛神《しゅうこんごうしん》、二尊の場合は金剛力士または仁王と呼び分けられています。

※伽藍（がらん）…僧が集まり修行する清浄な場所

左右で表情が大きく異なる二体

金剛力士は二体とも、上半身は裸で筋骨隆々とした姿で表されるのが一般的です。古い像や中国の像などには、鎧を身につけた姿も見られます。

怒りの表情を顕わにしながら口を「阿《あ》」の形に開けて金剛杵を持つ姿が阿形像《あぎょう》、怒りを内に秘めた表情を示しながら口を「吽《うん》」の形に閉じた姿が吽形像《うんぎょう》で、二体一対の場合は必ずこの二体が祀られます。仁王は金剛杵や宝剣をはじめ、様々な武器を持ち寺院を守っています。

執金剛神と呼ばれる単体の像は、甲冑を身につけていることが多いようです。

阿・吽の呼吸で伽藍や仏教を守る

二体の金剛力士のうち阿形は那羅延金剛《ならえんこんごう》、吽形は密迹金剛《みっしゃくこんごう》と呼ばれることもあります。また千手観音に従う二十八部衆にも金剛力士がいるとされますが、観音二十八部衆の中においては阿形が那羅延堅固王《ならえんけんごおう》、吽形は密迹金剛力士《みっしゃこんごうりきし》と呼ばれます。

インドの古典言語であるサンスクリット語も日本語と同じく、「あ」からはじまり、「ん」で終わります。また密教において、「阿」は万物の根源となる理念、「吽《うん》」はすべてが帰着する智恵をそれぞれ意味するとして重視されています。門前に「あ」と「ん」を表した阿形と吽形を配することで、二体ですべての法の発祥と究極を象徴しているのです。

また、阿形と吽形の二体がすべてを包括し、一体化するように息を合わせることから、「阿吽の呼吸」という言葉も生まれています。

メッセージ

「わたしは仏の教えと真理を守る、聖なる智恵。黄金に輝く神聖な智恵の杵をもって、この世に存在するあらゆ邪悪を打破します。あなたの中に存在する煩悩という雑念をひとつひとつ手放すとき、仏の智恵があなたの真我を照らすでしょう。あなたが自分を取り戻すとき、真の人生が拓きます」

三宝荒神《さんぼうこうじん》

仏教に取り入れられた
日本の魂

PROFILE

別名⦿—
キーワード⦿荒魂

総持寺（神奈川）、清荒神清澄寺（兵庫）

日本の風土に根付く火と竈《かまど》の神

三宝荒神《さんぼうこうじん》は、三宝※を守り闇や災難を除去するとされる仏です。日本古来の神が仏教に取り入れられ、仏教の守護神となりました。三宝荒神は、日本古来の概念である荒魂《あらみたま》を祀った荒神《こうじん》を表し、中国やインドなど海外の仏教普及地域では見られない、日本の仏教特有の神仏となりました。仏教がインドの風土に根付く神々を取り入れたように、日本の風土に根付いた神仏の一尊です。

荒神の中でも三宝荒神は、仏教における三宝を守り、不浄や災難を除去するとされています。また、日本では台所が清浄な場所であると考えられていたため、火と竈《かまど》の神としての信仰を集めるようになりました。造像の形としては、三つの顔に六本の手をもつ姿（三面六臂《さんめんろっぴ》）、あるいは三つの頭の上に小さな頭が五つ乗る計八つの顔に六本の手をもつ姿（八面《はちめん》六臂《ろっぴ》）がほとんどです。

メッセージ

「わたしは不浄を焼き尽くす竈の炎。火の精をもってあなたの中の不浄を取り除き、ネガティブなエネルギーから護りましょう。不自然な制限や恐れにがんじがらめになっていたあなた自身を解き放ち、自由と力を手にしましょう」

※三宝（さんぽう）…仏教において大切とされる三つの宝。すなわち、仏・法・僧

持国天《じこくてん》

四天王の一員として
東側を守る

PROFILE

別名⦿—
所属⦿四天王
キーワード⦿国土、安泰

四天王寺（大阪）、東大寺（奈良）

国家安泰や家内安全を司る

持国天《じこくてん》は、帝釈天《たいしゃくてん》に仕え、国家安泰・家内安全のご利益《りやく》があるとされる仏です。バラモン教やヒンズー教から仏教に取り入れられた帝釈天と共に、仏教の守護神となりました。初期仏教の経典、増一阿《ぞういつあ》含経《ごんきょう》などに登場し、生前の釈迦から仏法を守るように託され、大きな功徳《くどく》で国を治める力をもつとされています。

仏教の世界観で中心にそびえるとされる須弥山《しゅみせん》を守る四天王の一尊で、須弥山の中腹で東の門を守っています。その像は仏堂の中では須弥山を象徴する一段高い壇（須弥壇《しゅみだん》）の東側に配され、独尊で祀られることはほとんどありません。

造像の形としては、甲冑を着けて天衣をまとった唐の武将のような姿で表されることが一般的で、右手に宝珠を持ったり刀を構えたりしていることが多く、邪鬼もしくは岩座《いわざ》、岩座上の邪鬼を踏みつけている場合があります。

メッセージ

「わたしは太陽がのぼる東方を守護する守護神。闇の世界を打ち破り、世界に光をもたらす朝日には特別のパワーが宿っています。あなたの神聖な意図を朝日に向けて放ってください。あなたが築く王国に、栄華と安泰の光を授けましょう」

青面金剛《しょうめんこんごう》

道教から生まれた
日本仏教の神

PROFILE

別名⊙—

キーワード⊙病魔退散

最勝院（青森）、金剛寺（京都）

徹夜で宴会をする風習で信仰拡大

青面金剛《しょうめんこんごう》は、帝釈天《たいしゃくてん》の使者で、病魔を退散させる力をもつ仏です。中国の道教思想から生まれ、日本の民間信仰の中で発展し、仏教に取り入れられました。道教には、人間の体内に住む三種類の悪い虫（三尸《さんし》）が睡眠中に宿主の悪事を帝釈天に報告すると命を落とすという考えがあったため、三尸が活動する庚申《こうしん》の日の夜を眠らずに宴会をしてすごす「庚申待《こうしんまち》」の風習が生まれました。日本では平安貴族の間からはじまり、江戸時代には民間にもその風習と庚申講の信仰が広まりました。青面金剛は庚申講の本尊として崇められ、中国やインドなど海外の仏教普及地域では見られない、日本仏教特有の神仏です。名前が示すとおり青い顔・体をしており、目が赤くて憤怒《ふんぬ》の表情を見せる顔と二〜六本の手が特徴的です。額に三つめの目があり、手足に蛇が巻きついた姿で表される場合もあります。

メッセージ

「あなたの周囲のネガティブなエネルギーにもっと敏感であってください。自分にとって居心地の悪いものを浄化し、手放してください。心と身体からすべての毒素を解き放つと、まるで朝日が昇るようにあなたの人生に輝きが訪れます」

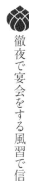

増長天《ぞうじょうてん》

四天王の一員として
南側を守る

PROFILE

別名⦿—
所属⦿四天王
キーワード⦿五穀豊穣、徳の増長

四天王寺（大阪）、東大寺（奈良）

五穀豊穣を司る、商売繁盛の神

増長天《ぞうじょうてん》は帝釈天《たいしゃくてん》に仕え、五穀豊穣のご利益《りやく》があるとされる仏です。バラモン教やヒンズー教から仏教に取り入れられた帝釈天と共に、仏教の守護神となりました。初期仏教の経典、増一阿含経《ぞういつあごんきょう》などに登場し、五穀豊穣を司る力をもつことから、人々の徳を増長させ、商売繁盛につなげるご利益があるといわれています。

仏教の世界観で中心にそびえるとされる須弥山《しゅみせん》を守る四天王の一尊で、須弥山の中腹で南の門を守っています。その像は仏堂の中では須弥山を象徴する一段高い壇（須弥壇《しゅみだん》）の南側に配され、独尊で祀られることはほとんどありません。

造像の形としては、甲冑を着けて天衣をまとった唐の武将のような姿で表されることが一般的で、片手に剣または刀、あるいは鉾《ほこ》を構えているのが一般的です。邪鬼もしくは岩座《いわざ》、岩座上の邪鬼を踏みつけている場合があります。

メッセージ

「わたしは五穀豊穣を司る南方の守護神。あなたがこれまで祈り、願ってきたポジティブな思いが、いま現実的な豊かさとなって、あなたの人生に訪れようとしています。この新しいチャンスを喜びの心と共に迎えてください」

大黒天《だいこくてん》

富と豊かさの仏として
人々に広く親しまれる

PROFILE

別名◉—

キーワード◉戦い、財福、豊穣

真野寺（千葉）、延暦寺（滋賀）、大黒寺（大阪）、松尾寺（奈良）、観世音寺（福岡）

三つの性質を備えもつ仏教の守護神

大黒天《だいこくてん》は、戦い、財福、豊饒《ほうじょう》を司る神仏です。ヒンズー教のシヴァ神の化身・マハーカーラがインド密教に取り込まれて、仏教の守護神となりました。

インドのマハーカーラには戦い・財福・死の三つの性質が備わっており、特に戦いの神としての力は強く、祈れば必ず勝利を手にすることができたともいわれています。

日本には平安時代に密教の伝来と共に伝わってきた大黒天ですが、その過程で、戦いの神、財福の神、そして食堂（豊饒）の神という三つの性質を備えるようになりました。やがて、次第に財福の神としての性質が強調されるようになり、主に財福の神として崇められることになります。

また民間信仰が強まる中で、神道の神（大国主命《おおくにぬしのみこと》）と習合した日本独自の神として親しまれるようになりました。

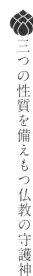

インドの憤怒相《ふんぬそう》から日本の笑顔へ

インド密教における大黒天は青黒い体をもち、憤怒相を示していますが、中国から日本に伝わる中で大黒天の性質が変化し、表情も和らいでいきました。

造像の形としては、ひとつの顔に二本の手をもつ姿（一面二臂《いちめんにひ》）、あるいは三つの顔に六本の手をもつ姿（三面六臂《さんめんろっぴ》）で表現されることがほとんどです。三面の場合は、右に毘沙門天《びしゃもんてん》、左に弁才天《べんざいてん》の顔を備えています。米俵に乗って福袋を背負い、打出《うちで》の小槌《こづち》を持つ笑顔の大黒天は、厳密には仏教で示される姿ではなく、日本独特のものです。

日本における独特の大黒天信仰

密教の伝来と共に日本に伝えられた大黒天は、当初は天台宗の最澄によって厨房《ちゅうぼう》の神として迎えられました。主に真言宗や天台宗で信仰されましたが、室町時代に入って日蓮宗でも信仰が広まりました。

民衆にも信仰が広まっていった大黒天は、神道で大地を象徴する大国主命と名前の印象が近いことや、共に豊饒を象徴する存在であることなどから、次第に同一視されるようになります。大黒天に大国主命の性格や特徴が合わさり、大黒天の表情は微笑みで表されるようになったといわれます。

密教と神道が習合した大黒天は、日本独自の、神道や道教などの神が入り混じった信仰である七福神の一尊となり、五穀豊穣や商売繁盛のご利益《りやく》があるとして崇められるようになりました。

また、民間信仰では、子宝や子作りのご利益があるともされています。

メッセージ

「あなたが夢を実現したいと考えるなら、あなたの将来に対するすべての不安をいますぐわたしのもとに預けてください。不安や恐れの代わりに信じる力、楽天的な考えであなたの思考を満たすとき、試練や障害はあなたの道に訪れることはなくなり、明るい未来と豊かさを手にすることができるのです」

大自在天《だいじざいてん》

欲望を捨てて
仏教の守護神に

PROFILE

別名⦿—

キーワード⦿創造

三十三間堂（京都）

様々な姿に変化して人々を守る

大自在天《だいじざいてん》は、様々な姿に変化するといわれる神仏です。バラモン教の最高神・シヴァが仏教に取り入れられたものです。世界を創造し支配するシヴァ神の別名イーシヴァラから、大自在天の名が生まれました。欲望の塊であったシヴァは、大日如来の命により降三世明王《ごうざんぜんみょうおう》に踏みつけられることで、欲望を捨てることができたといわれます。

　十二天の伊舎那天《いしゃなてん》は、大自在天が怒ったときの姿であるといわれます。十二天はそれぞれ方角八方と天地・日月のいずれかを司り、伊舎那天は東北の方角の守護神です。芸の上達を司る美しい伎芸天《ぎげいてん》、怪力のもち主である那羅延天《ならえんてん》、世界を守る毘紐天《びちゅうてん》もまた大自在天の変化した姿だといわれます。三つの目をもつ顔に八本の手をもつ姿（三目八臂《さんもくはっぴ》）で表され、白い牛の背に乗るのが一般的です。青黒い水牛に乗ることもあります。

メッセージ

「あなたが設定した目的、抱く野望をもう一度聖なる視点から見直してください。あなたはいま、人生に聖なる変化を受け入れるときです。変化に柔軟であるとき、あなたは天から多くの恩恵を受け取ることができるでしょう」

帝釈天《たいしゃくてん》

立身出世や
財蓄を司る

PROFILE

別名⦿—
所属⦿十二天、十二神将
キーワード⦿自然、立身出世、白象

題経寺（東京）、帝釈天永明寺（広島）

自然を操る元インドの武神

帝釈天《たいしゃくてん》は、自然を操る力をもち、立身出世や財蓄のご利益があるとされる神仏です。古代インドのバラモン教やヒンズー教の武神・インドラが仏教に取り込まれ、仏教の守護神となりました。

密教においては、方角八方と天地・日月のいずれかを司る十二天の重要な一尊で、帝釈天は東の方角を守護しています。また薬師如来《やくしにょらい》の信仰者を守る十二神将の一尊でもあり、十二支の午《うま》年を司るともされています。さらに、地蔵菩薩《じぞうぼさつ》の化身であるともいわれています。

髪を頭上にたばねて結った宝髻《ほうけい》の姿で中国式の礼服を着て表わされることが多く、密教においては、頭に冠を載せて甲冑をまとい、手に独鈷杵《どっこしょ》を持つ姿で表わされることがあります。白象に乗っている場合もあります。共に古代インドの最高神から仏教の守護神となった梵天と一対で祀られる例が多いようです。

メッセージ

「わたしは宇宙の秩序を支配する宇宙知性。あなた方が悟りに至るためには、感情と知性、左脳と右脳のバランスを取ることが大切です。自然の世界には、完璧な秩序とバランスが存在しています。自然の中に学びを見出してください」

茶枳尼天《だきにてん》

開運出世を司る
インド出身の神

PROFILE

別名◉—

キーワード◉開運出世、ジャッカル

妙巌寺（愛知）、妙教寺（岡山）

狐を従える美しい女神

茶枳尼天《だきにてん》は、開運出世を司るインド出身の神仏です。ヒンズー教の女神・ダーキニーが仏教に取り入れられたもので、農業神から愛欲を司る神、生きた人間の心臓を喰らう夜叉《やしゃ》神へと変化していきました。しかし、あるとき大黒天《だいこくてん》に姿を変えた大日如来《だいにちにょらい》の説法を聞き、善神となりました。死者の心臓のみを食すようになりました。また、人の死を半年前に察知する能力をもつとされています。

インドではダーキニーがジャッカルにまたがっていましたが、日本にはジャッカルがいないため、狐にまたがるようになったといわれます。それゆえ茶吉尼天は、神道の稲荷《いなり》で神の使いとされる狐の姿と結びつき、稲荷の神様としても広く信仰されるようになりました。開運出世のご利益《りやく》があるとされ、また人を選ばずに誰の願望でも成就させてくれるため、幅広い層から信仰を集めました。

メッセージ

「わたしは愛と死と智恵を司る空を歩く女神。悟りを求めるすべての人々に聖なる智恵を授けます。まずは感情と受容性、そして創造性を司る第二チャクラを使って女性性を活性化し、あなたの中の女神を目ざめさせましょう」

毘沙門天《びしゃもんてん》

四天王の一員であり
独尊としても人気高い

PROFILE

別名◉多聞天
所属◉四天王、十二天、七福神
キーワード◉財宝、聴く力

最勝寺（栃木）、鞍馬寺（京都）、東寺（京都）、毘沙門堂（京都）、朝護孫子寺（奈良）、法隆寺（奈良）

二つの名前を使い分ける財宝の神様

毘沙門天《びしゃもんてん》は、財宝や勝利を司る七福神の一尊です。インド神話の財宝神・クベーラが仏教に取り入れられたものです。中央アジアや中国を経て日本に伝わる間に、武神としての姿と性質を得たといわれます。

毘沙門天は帝釈天《たいしゃくてん》に仕える神として、帝釈天と共に仏教の守護神となりました。初期仏教の経典、増一阿含経《ぞういつあごんきょう》などに登場し、生前の釈迦から仏法を守るよう託されたとされます。多くを聞いて学び、財宝を生み出す力を与える、財宝授与のご利益《りやく》があるといわれ、多聞天《たもんてん》とも呼ばれています。

仏教の世界観で中心にそびえるとされる須弥山《しゅみせん》を守る四天王の一尊として北の門を守り、仏堂の中では須弥山を象徴する須弥壇《しゅみだん》の北側に配されます。四天王の中で唯一独尊で祀られることがあり、一般に、四天王の一尊として祀る場合は多聞天《たもんてん》、独尊像として祀る場合は毘沙門天と呼ばれます。

像としての多聞天と毘沙門天

四天王の一員である多聞天と独尊である毘沙門天では、像として異なる部分はほとんどありません。

造像の形としては、日本では甲冑をまとった唐の武将に似た姿で表されます。片手に宝塔を持ち、邪鬼か岩座《いわざ》または、岩座上の邪鬼に乗ることもあります。宝塔を持たない手に、三叉戟《さんさげき》や矛《ほこ》などを構えている場合もあります。

また、吉祥天と善膩師童子《ぜんにしどうじ》を脇侍《きょうじ》に配した三尊形式、吉祥天や不動明王との対で造像されることもあります。

民間信仰と習合していった毘沙門天

インドでは財宝を司る神として四天王の多聞天よりも早く信仰された毘沙門天ですが、日本においては四天王の多聞天の方が毘沙門天よりも先に伝わり、信仰が広まりました。

多聞天は、密教において十二天の一尊に数えられます。十二天はそれぞれ方角八方と天地・日月のいずれかを司っていて、多聞天は北の方角の守護神であるとされています。

また、日本独自の、神道や道教などの神が入り混じった七福神の一尊として室町時代から崇められ、勝負事にご利益があるとされています。

他方で、財宝の神であり戦勝の神であるとして日本へと伝えられた毘沙門天は、御所を守る守護神として祀られるようになりました。鎌倉時代以降は国土守護の戦勝神として、武士からの信仰を広く集めるようになります。

メッセージ

「わたしは富と不老不死を司る、福徳財宝と勝利の神。あなたの意図や願いを、心の中の善なるものに合わせましょう。ハートを善以外のエネルギーに明け渡さないようにしてください。善のエネルギーを感じたら、静かにそこに耳を傾けてみましょう。聖なるハートの声を聞き逃さないでください」

仏眼仏母《ぶつげんぶつも》

真理を見つめる
釈迦の目を象徴

PROFILE

別名⦿一切仏眼大金剛吉祥一切仏母
キーワード⦿真眼

—

一字金輪仏頂《いちじきんりんぶっちょう》と対で真理を表す

仏眼仏母《ぶつげんぶつも》は、真理を見つめる釈迦如来の目を仏の姿に表したもので、特に密教で崇められる仏の一尊です。偏りのない中道である仏の目は、様々な仏を生み出す源となるので「仏母《ぶつも》」として擬人化されました。正式には一切仏眼大金剛吉祥《いっさいぶつげんだいこんごうきっしょう》一切仏母《いっさいぶつも》といい、経典によって釈迦如来《しゃかにょらい》、大日如来《だいにちにょらい》、もしくは金剛薩埵の化身であるともされています。

仏眼仏母は、胎蔵界の大日如来が瞑想の境地にいたった姿ととしても捉えられています。真言の象徴である一字金輪仏《いちじきんりんぶっ》頂《ちょう》とは表裏一体の存在であるとされるため、対で扱われることが多くあります。

なお一字金輪仏頂を本尊とする仏教の世界観を描いた一字金輪曼荼羅《いちじきんりんまんだら》は、中央の大日金輪を仏眼仏母と七宝※が囲む形で描かれることがほとんどです。

メッセージ

「わたしは真理を見つめる釈迦の目。悟りを求めるすべての人の心眼を開いて、仏の真理へと導きましょう。ものごとの本質を見極める仏の目は、悟りの母体です。恐れや不安で、心の目を曇らせないようにしましょう」

※七宝(しちほう)…P.149参照

弁才天《べんざいてん》

学問や芸術の神から
水辺で財宝を司る神へ

PROFILE

別名⦿弁財天、弁天
所属⦿七福神
キーワード⦿学問、芸術、水、河

東海寺（千葉）、寛永寺（東京）、宝厳寺（滋賀）、東大寺（奈良）、大願寺（広島）

音楽の神から財福の神へ

弁才天《べんざいてん》は、財福や学問、芸術を司る一尊です。元はヒンズー教の女神・サラスヴァティーで、サンスクリット語で聖なる河を表していました。河の流れる音からの連想によって音楽の神として崇められ、学問や芸術の神といった性質も合わせもつようになったといわれます。

仏教においては、大乗仏教の経典で護国三部経典《ごこくさんぶきょうてん》のひとつに数えられる金光明最勝王経《こんこうみょうさいしょうおうきょう》に、護法の神「辯才天《べんざいてん》」として登場します。しかし、「才」の音が「財」につながることから民間で弁財天と表記されることが多くなり、字面から財福の神としての性質が加えられるようになりました。

弁才天は仏教の尊格ですが、日本では古来より祀られていた海神である宗像三女神《むなかたさんじょしん》のひとりと同一視されるなど、神道の信仰と融合し、親しまれ崇められています。

像の姿も信仰の変化とともに変貌

造像の形として、ひとつの顔に八本の手を持つ姿（一面八臂《いちめんはっぴ》）と、ひとつの顔に二本の手を持つ人間と同じ姿（一面二臂《いちめんにひ》）の二つに分かれます。

一面八臂像は経典、金光明最勝王経に基づくもので、八本の手にはそれぞれ弓矢や矛、鉄輪、羂索《けんさく》などを持っています。

一面二臂像は、密教の胎蔵界曼荼羅《たいぞうかいまんだら》に描かれた姿で、菩薩形で琵琶《びわ》を演奏しています。

水にまつわる財福の神としての信仰

弁才天を本尊に祀る堂宇《どうう》は、弁天堂、弁天社などと呼ばれます。弁才天は、本来は仏教の守護神ですが、日本では神道の神とも見なされているため、神社にも祀られています。日本神話において穀霊神・福神として信仰されていた人頭蛇身の宇賀神《うがじん》との結びつきも強く、頭部に人頭の白蛇に鳥居を頂く宇賀弁才天は、七福神の一尊として祀られています。

もともと河の神として水に関わる性質をもつ弁才天は、池や湖のほとり、川や海の近くなど水に関連した場所に祀られています。古くから弁才天を祀っていた社では、明治の神仏分離令以降、神社になったところも多く、それらでは弁才天に代わって宗像三女神または宗像三女神のひとりである市杵島姫《いちきしまひめ》神を祀っているところも多いようです。

また、反対に厳島弁才天像は厳島神社から大願寺に移されました。大願寺に加え、相模湾の江の島神社、琵琶湖の竹生島にある宝厳寺は日本三大弁才天として有名です。

メッセージ

「わたしは豊かさ、愛情、才知を司る水の女神。大地を潤す河の流れやせせらぎに耳を傾けるとき、あなたの中に流れる聖なる水に同調することができます。水の流れはあなたの内面の滞りを押し流し、豊かさ、しなやかさ、才能、智恵を運びます。聖なる流れを、滞らせないでください」

梵天《ぼんてん》

釈迦が仏法布教をはじめた立役者

PROFILE

別名◉—

所属◉大梵天王、十二天

キーワード◉根源

東寺（京都）、東大寺（奈良）、法隆寺（奈良）、興福寺（奈良）

インドの偉大な神が仏教の守護神に

梵天《ぼんてん》は、古代インドの三大神※のうち、ブラフマーが仏教に取り入れられたもので、宇宙の創造神として万物の根源を象徴しています。密教において重視されている十二天の一尊で、それぞれ方角八方と天地・日月のいずれかを司る中、梵天は天の守護をしているとされています。

悟りを開いた釈迦は、はじめその難解な内容を人々に伝えていくべきか躊躇《ちゅうちょ》していたといいます。そこで、教えを広めるように熱心に説得したのが梵天であるとされています（梵天勧請《ぼんてんかんじょう》）。ここから、梵天には仏教守護や立身出世のご利益があるとされます。また、梵天は帝釈天と一対で祀られることがほとんどです。

造像の形としては、普通の人間と同じ姿で唐時代の貴人の服装をして表されるものと、四つの顔と四本の手をもつ姿（四面四臂《しめんしひ》）で表される密教の像との二種類があります。

メッセージ

「わたしはすべてに宿る、宇宙の根本原理。人は三つの側面をもっています。他人から見る自分。他人からこう見えると思っている自分。そして、本当の自分。本当の自己（真我）を生きるとき、宇宙のすべての叡智とつながることができます」

※古代インドの三大神…創造神ブラフマー、維持神ヴィシュヌ、破壊神シヴァ

摩利支天《まりしてん》

厄除けや武芸の護身

PROFILE

別名⦿—

キーワード⦿光、陽炎、武

宝泉寺（石川）、徳大寺（東京）、建仁寺（京都）

見えないところで信仰するのが条件

摩利支天《まりしてん》は、光や陽炎《かげろう》を神格化したもので、目に映りはするものの実体がないという特徴を供えた神仏です。インドの神・マリーチーが仏教に取り込まれ、仏教の守護神になったものです。誰からも捉えられず、害されることがないというその特性から、厄を取り除き、幸福を呼ぶご利益《りやく》があるとされました。また、武芸の守り神・護身の神としての信仰が武士の間に広まりました。

摩利支天のご利益を授かるには、秘密裏に摩利支天の名を称え、食事の際などに摩利支天を念じ、その像を持ち歩かなければいけないとされています。像は、腕のいい仏師が最高の素材を使って作ったものであるという条件もあります。

密教では天扇を持つ天女の姿で表されますが、ほかにも三つの顔に六本の手をもつ男性像、三つの顔に八本の手をもつ男性像なども多いようです。

メッセージ

「この世のすべては、陽炎、ホログラムです。見る人、光の角度、環境によって、人もものごとも見え方が変わってきます。あなたが肉体の目で見ているものは実体ではなく、真実はすべて心の目によって映し出されることを知ってください」

妙見菩薩《みょうけんぼさつ》

眼病治癒や国を守る

PROFILE

別名◉北辰妙見菩薩、妙見尊星王

キーワード◉幸福、中心

能勢妙見山（大阪）、日光院（兵庫）

中国生まれで北極星を表す

妙見菩薩《みょうけんぼさつ》は、国土を守って幸福をもたらす力があるといわれる神仏です。中国の道教における星宿思想※から生まれ、北極星を仏教に取り入れて仏教の守護神となりました。インド由来の菩薩とは異なるため、「菩薩」とつきながらも分類としては天部に所属します。また、十一面観音の化身である軍神と見なされることもあります。

中国で生まれた妙見菩薩は、日本では密教と陰陽道で祀られてきました。特に眼病の治癒を祈る修法、妙見法（北斗法）の本尊とされることが多く、また氏神としての信仰も集めました。しかし明治の神仏分離令によって、神社の性質をもちながら妙見菩薩が祀られる妙見宮は基本的に解散させられることとなります。

造像の形は特に定まっていませんが、一般的には髪を撫でつけ、亀に乗って剣を持つ姿が多く見られます。

メッセージ

「わたしは森羅万象の決まりごとを運び、人の運命を司る北極星の聖霊。天が北極星を中心に回るように、あなたの中にも不動の中心点があります。あなたが中心にいるとき、本来の自分を生き、隠れた才知をすべて使うことができるのです」

※星宿思想（せいしゅくしそう）…霊魂は星から来るとし、地上世界と天界は密接に連動していると考えられた古代中国の思想

夜叉《やしゃ》

人々に恩恵をもたらす
力をもつ

PROFILE

別名⦿―
所属⦿八部衆
キーワード⦿富、財宝、心の闇

―

善悪両面をもつインド出身の神

夜叉《やしゃ》は、四天王の一尊である毘沙門天《びしゃもんてん》に、羅刹天《らせつてん》と共に仕える仏です。バラモン教の神々が仏教に取り込まれて、仏教の守護神となりました。釈迦如来《しゃかにょらい》に従うとされ、仏法を守る八部衆の一尊でもあります。

「夜叉」は、インドで鬼神を指す総称であるとする説もあります。性別があり、男性は夜叉《やくしゃ》、女性は夜叉女《やくしー》と呼ばれます。森林に住んで人を食らう悪神であった夜叉は、仏教に取り入れられて善神となり、人々に財宝や富などの恩恵をもたらす力を司ります。また、薬師如来に仕える十二の夜叉を十二神将と呼び、薬師如来を崇める人々を一切の苦悩から救い出すといわれています。

善神・悪神の両面を備えもつ夜叉ですが、日本においては、鬼神としての残虐な性格にスポットが当てられることのほうが多いようです。

メッセージ

「現実の状況を変えたいと思うなら、まずあなたの中の影の部分を見つけてください。自分の中に存在する影と向き合い、それを認めましょう。自分自身を許すとき、あなたの人生を滞らせていた停滞のエネルギーを解放することができます」

羅刹天《らせつてん》

夜叉と共に
毘沙門天に仕える

PROFILE

別名⊙涅哩底王
所属⊙十二天
キーワード⊙破壊と滅亡

—

ヒンズー教生まれの鬼神の代表格

羅刹天《らせつてん》は、四天王の一尊・毘沙門天《びしゃもんてん》に夜叉と共に仕え、破壊と滅亡を司る力をもっているとされる仏です。ヒンズー教の鬼神・ラークシャサが仏教に取り入れられて、仏教の守護神になったものです。また、密教においては十二天の一尊として重視されています。十二天はそれぞれ方角八方と天地・日月のいずれかを司っており、羅刹天は西南を守護しています。

「羅刹」は鬼神を指す総称です。羅刹には性別があり、羅刹の男（羅刹娑《らくしゃさ》）は醜く、羅刹の女（羅刹私《らーくしゃしー》・羅刹女《らせつにょ》）は美しいとされています。十羅刹女など、下界に数多く存在する「羅刹」のトップに君臨するのが、羅刹天です。

造像の形としては、鎧をまとって右手に剣を持ち、左手は刀を模した刀印《とういん》を示していることがほとんどです。手にした剣には煩悩を断つ意味があるといわれています。

メッセージ

「破壊は新しい自分を生き、前に進むための象徴的なステップです。あなたはどこかで過去や後悔、古い考え方に囚われ続けていませんか？　あなたがそこに留まるとき、エネルギーは流れることができません。過去を手放し、新たな未来を歩きましょう」

Column 05
仏教の教え②

正しい修行の実践が涅槃寂静《ねはんじゃくじょう》につながる 現代人にも通じるその理念

仏陀は、悟りへの道筋を四つの真理「四諦《したい》」に込めました。これこそ、仏教の基本となる教え。仏陀は自らが悟りを開いた後、まず、この教えを人々に説いたといわれています。

四諦の最初にある「苦諦《くたい》」は、前項（132ページ）で述べたように、この世はすべて苦であるという考え。この世界に対する認識の誤りから、四苦八苦という苦しみを自分自身に課していることを、まず私たちが理解する。そこから正しい道を求める心が生まれるのです。

次は「集諦《じったい》」。苦の原因は煩悩《ぼんのう》であると認識することです。あれもこれもと際限なく欲張って満たされることのない執着、それが煩悩です。煩悩が集まって、苦を生み出すというわけです。

苦しみの原因が煩悩にあるなら、それを滅するにはどうすればいいか。その真理を示すのが「滅《めっ》諦《たい》」です。無常の世界を受け入れ、縁起《えんぎ》のしくみを知り、執着から離れることができれば、苦を滅することができるのです。

そして、苦を滅するには正しい修行が必要であると、仏陀は最後に「道諦《どうたい》」を説きます。悟りへの四つのステップ「苦集滅道《くじゅうめつどう》」の実践編。その具体的な方法を示したものが「八正道」です。

正見《しょうけん》…正しく見ること
正思惟《しょうしゆい》…正しく考えること
正語《しょうご》…正しい言葉を話すこと
正業《しょうごう》…正しい行動をとること
正命《しょうみょう》…正しい生活を送ること
正精進《しょうしょうじん》…正しく努力すること
正念《しょうねん》…正しい念をもち続けること
正定《しょうじょう》…正しい目標を定めて精神を集中させること

八正道を実践することによって、一切の煩悩は消え去り、ようやく涅槃寂静《ねはんじゃくじょう》が可能となるのです。とはいえ、誰もが高僧と同じように、この八正道を極めながら修行を積むことはできません。もうひとつの修行の理念「中道《ちゅうどう》」（極端に走らず偏らないこと）と共に、私たちは、まずはそのエッセンスを吸収することからはじめたいものです。

◉四諦とは

苦諦《くたい》	この世は苦の世界。
集諦《じったい》	苦の原因は執着（煩悩）。
滅諦《めったい》	苦の原因を滅すれば、苦は断たれる。
道諦《どうたい》	苦を滅するには、正しい修行が必要。

第五章

高僧《こうそう》

仏教の発展を支えてきた
数々の重要な高僧たち。
日本の精神文化にも影響を与えた
偉人たちとその流れを紹介します。

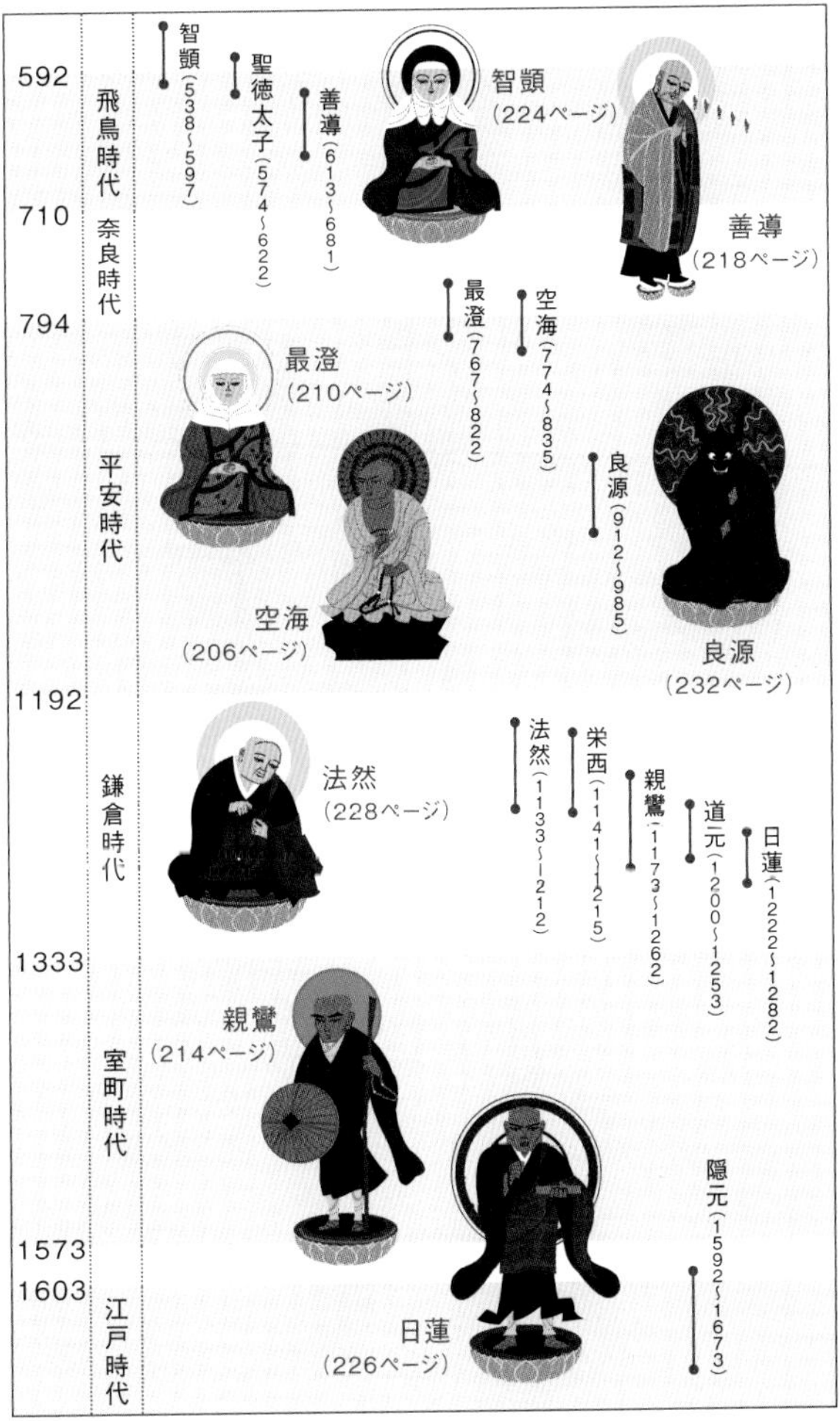
592
飛鳥時代
710
奈良時代
794
平安時代
1192
鎌倉時代
1333
室町時代
1573
1603
江戸時代
智顗（538～597）
聖徳太子（574～622）
善導（613～681）
智顗
（224ページ）
善導
（218ページ）
最澄（767～822）
空海（774～835）
最澄
（210ページ）
良源（912～985）
空海
（206ページ）
良源
（232ページ）
法然（1133～1212）
栄西（1141～1215）
親鸞（1173～1262）
道元（1200～1253）
日蓮（1222～1282）
法然
（228ページ）
親鸞
（214ページ）
隠元（1592～1673）
日蓮
（226ページ）

鎮護国家的《ちんごこっか》な性質をもつ初期仏教

日本の仏教は、飛鳥時代に聖徳太子《しょうとくたいし》によってその基礎ができたと伝えられます。聖徳太子は仏教思想を治世に活かし、僧を隋《ずい》に派遣し、法隆寺や四天王寺などを建立しました。また、奈良時代には渡来僧や遣唐使により南都六宗《なんとろくしゅう》が形成され、奈良を拠点にした奈良仏教は鎮護国家《ちんごこっか》の仏教として発展していきます。

平安時代になると最澄《さいちょう》と空海《くうかい》の二人僧が台頭し、それぞれ天台宗と真言宗を開き、広く庶民の救済を説いて、その後の日本仏教の礎を築きました。

また平安時代も終わりに近づくと、仏教における末法思想《まっぽうしそう》が人々に広まり、鎌倉時代にかけて様々な宗派が生まれていきます。

鎌倉時代には多様な宗派が繁栄

鎌倉時代に入ると、法然《ほうねん》の浄土宗や親鸞《しんらん》の浄土真宗など、念仏を唱えることで来世での極楽往生を願う浄土系の宗派が生まれます。その一方で、当時最先端だった中国仏教の「禅」をベースに、栄西《えいさい》が臨済宗《りんざいしゅう》を、その弟子である道元《どうげん》は曹洞宗《そうとうしゅう》を開き、発展を遂げていきます。

また、日蓮《にちれん》は、法華経《ほけきょう》こそが釈迦《しゃか》本来の教えであると主張して日蓮宗を開きました。こうして鎌倉時代には、今日私たちに馴染みの深い伝統的仏教の宗派が出そろうことになります。続く室町時代以降、日本仏教は成熟の時代を迎えます。江戸時代の初期には、明の僧、隠元《いんげん》によって、中国の禅宗をモデルにした黄檗宗《おうばくしゅう》が開かれ、日本仏教の十三宗がそろいます。

空海《くうかい》

数々の伝説が残され
今も愛される弘法大師

PROFILE

別名◉弘法大師、五筆和尚
キーワード◉真言、書

神護寺（京都）、東寺（京都）、大覚寺（京都）、佛光寺（京都）、金剛峯寺（和歌山）、善通寺（香川）

即身成仏により今もなお生き続ける

空海《くうかい》は、平安時代の僧で、真言宗の開祖です。讃岐国《さぬきのくに》（香川県）で生まれた空海は、十五歳で上京して論語、孝経《こうきょう》、史伝、文章等を学び、十八歳で京の大学寮に入ります。しかし大学での勉強にもの足りなさを感じた空海は、四国の山林で仏教の修行に励み、悟りを開いたといわれています。

その後、留学僧として唐《とう》へ渡った空海は、経典や曼荼羅《まんだら》などを多数持ち帰り、真言宗を開きます。

また一方で、庶民に門戸を開いた教育機関、綜芸種智院《しゅげいしゅちいん》の設立や、讃岐の雨不足を解消するための満濃池《まんのういけ》造営など、社会的な活動も行ないました。

その後、生きながらにして仏となる「即身成仏《そくしんじょうぶつ》」の理論を完成させた空海は、高野山奥の院で永遠の禅定に入ったとされています。現在でも真言宗では、高野山奥の院御廟《ごびょう》で禅定を続けている空海のため、衣服と食事の世話をしています。

四国の巡礼「お遍路」の生みの親？

「お遍路《へんろ》」として知られる四国遍路（四国巡礼）は、四国にある空海ゆかりの札所や霊場を八十八ヶ所巡る修行です。これは、空海の入定後に弟子の修行僧の多くが、空海の足跡をたどって修行をはじめたことからはじまりました。修行の場が次第に四国全体へと広がり、四国遍路の原型が生まれました。室町時代には僧侶の遍路が盛んになり、江戸時代になると四国遍路は庶民の間にも広まっていきました。十七世紀に入って民衆による遍路ブームに火がつき、現在のような形で定着したといわれています。

中国でも能書家としても知られる

空海は、優れた書家でもあり、その達筆ぶりは数々の伝説としても伝えられています。書家、韓方明《かんほうめい》に学ぶなど、空海は唐で書法や筆の製法なども習得しました。書家、王羲之《おうぎし》による壁書の書き直しを皇帝に命じられた空海は、左右の手足と口の五ヶ所に筆を持ち、五行を同時に書いたとされ、その偉業に「五筆和尚《ごひつおしょう》」の名を受けたといわれます。これは、空海が篆書《てんしょ》や隷書《れいしょ》、楷書《かいしょ》、行書、草書、当時唐で流行していた技法「飛白《ひはく》の書」など多くの書体を習得し、使い分けたことに由来する伝説です。

唐から書学を持ち帰った空海は、「入木道《じゅぼくどう》の祖」と称されます。「弘法筆を選ばず」「弘法も筆の誤り」など、空海と書道の関係を示すことわざもあります。空海の筆跡としては、天台宗の開祖、最澄《さいちょう》に宛てた手紙『風信帖《ふうしんじょう》』や真言密教の秘法『灌頂《かんじょう》』を授けた人名を記した『灌頂歴名《かんじょうれきめい》』などが残されています。

メッセージ

「真言は光の言葉であり、宇宙の叡智とパワーに満ちています。あなた方は長い暗闇の旅を終えて、いよいよ地上に光の世界を築くときを迎えています。あなた自身の祈りの言葉を作って、毎日それを唱え、意識を常に光に向けてください。あなたの光で地球を再び愛の星に戻しましょう」

最澄《さいちょう》

日本独自の天台宗を
研究により作り上げる

PROFILE

別名⦿伝教大師
キーワード⦿信じる

延暦寺（滋賀）、神護寺（京都）

文書研究など精を出した学術肌

最澄《さいちょう》は平安時代の僧で、日本の天台宗の開祖です。近江国（滋賀県）に生まれた最澄は、十二歳で近江の国分寺に弟子入りしました。やがて、智顗《ちぎ》が説いた天台の教えを学びたいと唐《とう》に渡ります。この唐行きの際に、後に真言宗の開祖となる空海《くうかい》と一緒だったことは有名です。

唐では天台の教学を学んだ後に、密教にも触れ、帰国後には顕教《けんきょう》と密教の一致を説いて日本の天台宗の基礎を作りました。

研究熱心であった最澄は、しばしば他宗の僧と激しい論争を起こしました。中でも法相宗《ほっそうしゅう》の徳一《とくいつ》との間で起きた悟りに関する論争は、決着がつく前に双方の命がつきるという激しいものとなりました。

また、大乗仏教の僧は独自の戒律をもつべきだとして、旧仏教と対立した「大乗戒《だいじょうかい》論争《ろんそう》」なども知られています。

同時代に別の道を歩んだ空海と最澄

最澄と空海は同じ遣唐使船で唐に渡りますが、年輩で国費留学生である最澄に対して空海は無名の私費留学生でした。最澄は一年、空海は二年の滞在の後、帰国します。最澄は天台教と密教、空海は真言密教と異なる経典を学びましたが、二人の間には帰国後も交流がありました。

密教を深く学ぶ必要性を感じた最澄は、多くの経典を持ち帰った空海に何度となく経典を借りに行きます。やがて空海は「仏の教えは書物に宿るものではない」と最澄を拒絶することになりました。

様々な教えのブレンド・天台宗

最澄が仏門に入った当初、仏教は鎮護国家として国を守ることを第一に考えられていました。僧は寺院外での活動を制限され、庶民に対して仏教の教えを説くことは禁止されていました。最澄はこの考えに疑問を抱き、「仏教は本来庶民を救うためにあるはず」と、様々な経典を研究します。そして従来の「成仏できるのは特定の人だけ」という従来の仏教の考えに対して、「すべての人が修行により成仏できる」という天台宗の教えに傾倒していきます。

最澄は、「仏を信じる者は誰でも成仏できる」という法華経の考えをベースに、円教《えんぎょう》菩薩戒《ぼさつかい》という大乗仏教の戒律や禅、当時の天皇が興味を示した密教の教えを融合して日本の天台宗の柱としました。これを「四宗兼学《ししゅうけんがく》」といいます。そして天台宗の僧侶に対して比叡山における十二年間の学問と修行を義務づけるという革新的な制度を作り上げました。

メッセージ

「この世に存在するすべての人は、悟りの道へ導かれ極楽浄土に帰依するチャンスを得ることができます。救いを得るためには、まずあなた自身がしっかりとそれを意図して最善と思われる行為を日々の中に取り入れてください。あなたが慈悲をもって生きるとき、その恩恵は周囲の人々にもたらされるでしょう」

親鸞《しんらん》

師の元で真実を追究し
死後に宗祖と祀られた

PROFILE

別名◉—
キーワード◉信心

専修寺（三重）、西本願寺（京都）、東本願寺（京都）

僧侶としての波乱に満ちた生涯

親鸞《しんらん》は、鎌倉時代の僧で、浄土真宗の開祖です。京都で貴族の家柄に生まれますが、幼くして両親を亡くし、九歳で出家します。比叡山の僧侶として約二十年にわたって修行をした後に自力修行の限界を感じて下山し、浄土宗の開祖である法然《ほうねん》の弟子となります。しかし法然が説く「南無阿弥陀仏《なむあみだぶつ》」をひたすら称える「専修念仏《せんしゅうねんぶつ》」の教えは既存仏教と朝廷からの弾圧を受け、法然が讃岐国《さぬきのくに》（香川県）、親鸞が越後国《えちごのくに》（新潟県）にそれぞれ流刑となります（承元《じょうげん》の法難）。これが、法然と親鸞の今生《こんじょう》の別れとなります。赦免の宣旨《せんじ》が下った後も親鸞は京都へ戻ることはなく、常陸国《ひたちのくに》（茨城県）へと移住し、関東で念仏の教えを広めました。

約二十年の間、関東で布教活動に専念した後に、親鸞はようやく京都へ戻ります。晩年の京都で親鸞は、後世に伝わる著書を多数残しました。

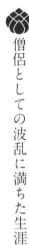

親鸞に受け継がれた法然の教え

法然を師と仰いだ親鸞は、法然の説く浄土宗の教えを真の宗教としてさらに高めることに生涯を費やしました。しかし、法然が念仏を重視したのに対し、親鸞は信心をより重視したという考え方の違いがありました。このことから、親鸞の死後に親鸞の考えをもとにした浄土真宗が宗旨として確立されることになります。親鸞自身は、新たな宗派を開く意思をもたなかったといわれています。法然の浄土宗と親鸞の浄土真宗は袂《たもと》を分かった訳ではなく、歴史の流れで自然と分離していっただけだと考えられます。

親鸞の拠りどころとなる経典と高僧

親鸞の師匠である法然の教えは、阿弥陀如来《あみだにょらい》の本願による極楽往生・成仏を説いたものでした。そのため、数多くある経典の中から法然は、大無量寿経《だいむりょうじゅきょう》（略して大経）、観無量寿経《かんむりょうじゅきょう》（略して観経）、阿弥陀経《あみだきょう》（略して小経）の三つの経を浄土三部経《じょうどさんぶきょう》として、信心の拠りどころとしました。親鸞は中でも大経を重視しました。自身の教えを記した代表的な著書『教行信証《きょうぎょうしんしょう》』において、阿弥陀如来の極楽浄土に生まれたいと心から念ずれば誰でも往生が定まることを示した経である大経を真実の教えとして重視すると記しています。

また親鸞は、自身の思想に影響を与えた七人の高僧を選定し、著書『高僧和讃《こうそうわさん》』の中でそれぞれの具体的な教えについて触れてました。親鸞が選定した七高僧は、インドの龍樹《りゅうじゅ》と天親《てんじん》、中国の曇鸞《どんらん》と道綽《どうしゃく》と善導《ぜんどう》、日本の源信《げんしん》と法然《ほうねん》です。

メッセージ

「人は人生の過程で様々な苦悩を体験し、人生の意味を求めますが、それを過剰に考え続けることはかえって停滞を促します。あなたが人間としてこの世に生まれたこと、それ自体が奇跡であり、宇宙の祝福です。思い悩む前に、まず生命の歓喜を味わいましょう。そして幸福に生きることを選択してください」

善導《ぜんどう》

法然・親鸞に
影響を与えた僧

PROFILE

別名◉終南大師、光明寺の和尚、善導大師、善導和尚

キーワード◉念仏

増上寺（東京）、善導寺（福岡）

念仏で救われると説く

善導《ぜんどう》は、浄土思想を確立した中国の僧です。隋《ずい》の時代に生まれた善導は、幼くして出家し、様々な経典を学びました。阿弥陀如来《あみだにょらい》の西方極楽浄土に心引かれた善導は、浄土の教えを求めるようになり、念仏を中心とした浄土信仰を唱える道綽《どうしゃく》から直接教わるようになります。そして、念仏による往生が人々を救済するという思想を確立しました。道綽没後は、当時の中国で仏教の中心地だった長安へ移り、光明寺などに住みながら自らの教えを広めていきました。

日本で浄土宗を開いた法然《ほうねん》は、善導の『観経疏《かんきょうしょ》』を読んで、念仏がすべての人を救う教えであることを確信し、浄土宗を開いたといわれています。そのため、浄土宗では、善導を高祖と仰いでいます。また、法然の教えを継いで後に浄土真宗を開いた親鸞も、尊敬すべき高僧「七高僧」のひとりに善導を挙げています。

> メッセージ
>
> 「祈りは光明と救いに至る、簡潔にして最高のツールです。過去に囚われ、執着すると、心は暗雲に包まれ、苦情を引き寄せます。心が邪念でいっぱいになったときは、それを考え続ける代わりに単純なマントラや念仏を唱え思考を切り替えましょう」

達磨《だるま》

インドから中国に渡り
禅を説いた伝説の僧侶

PROFILE

別名⦿菩提達磨、達磨大師
キーワード⦿静観、不動

達磨寺（群馬）、法輪寺（京都）、南禅寺（京都）、萬福寺（京都）、達磨寺（奈良）

南インド生まれながら中国禅の開祖

達磨《だるま》は、南インドで生まれて中国で活躍した僧で、中国禅の開祖です。実在の人物ですが、確実な記録が少なく、伝説的なエピソードばかり残されています。五世紀後半に南インドの王国で第三王子として生まれ、般若多羅※のもとで修行を積み、第二十八祖菩提達磨になったとされています。

インドで布教活動に努めた後に中国へ渡り、布教活動を行なう中で梁《りょう》の武帝に召されます。武帝との仏法をめぐる問答で理解を得られないことに失望した達磨は、嵩山《すうざん》の少林寺で独自に禅定を行なうようになりました。少林寺裏の洞窟で九年間壁に向かって座禅を続けた伝説が残されています（面壁九年《めんぺきくねん》の修行）。禅宗は、曇林《どんりん》や慧可《えか》といった弟子に教えを伝え、後に禅宗の第二祖と呼ばれる慧可の布教活動によってより広められていきます。少林寺は中国禅宗発祥の地として崇められるようになりました。

※般若多羅（はんにゃたら）…インドにおける西天二十八祖の第二十七番目の祖師所

日本におけるだるま信仰

縁日やだるま市などで売られ、人生の節目などで必勝を祈願する際の縁起物として親しまれるだるまは、達磨の伝説から派生しています。「面壁九年の修行」によって手足が腐ってしまった達磨の姿をモチーフに、だるまの人形が生まれたとするのが通説です。己に打ち勝つ達磨の精神が、起き上がり小法師《こぼし》の七転び八起きから連想される不屈の精神と結びついたとされています。

現在では、禅宗や仏教の宗教的な意味合いを越え、一般的な縁起物として広く受け入れられています。

達磨の中国禅宗が日本に与えた影響

「面壁九年の修行」は、達磨の教えである「壁観《へきかん》」を表すエピソードとしてよく知られています。達磨は、禅宗の教えを「壁のように動じない境地で真理を観ずる禅」としてとらえていました。また、経典から学ぶのではなく坐禅を通じて釈尊《しゃくそん》の悟りを直接体験することを「不立文字《ふりゅうもんじ》、教外別伝《きょうげべつでん》、直指人心《じきしじんしん》、見性成仏《けんしょうじょうぶつ》」の四語で禅宗の宗旨として説いています。

日本に達磨の教え（禅宗）が伝わったのは、鎌倉時代だとされています。ほかに、平安時代にはすでに禅の教えが講義されていたという説もあります。

中国禅宗は、達磨亡き後、臨済宗《りんざいしゅう》・曹洞宗《そうどうしゅう》・潙仰宗《いぎょうしゅう》・雲門宗《うんもんしゅう》・法眼宗《ほうげんしゅう》の五つの宗派（禅宗五家《ぜんしゅうごけ》）に分かれていき、日本には臨済宗と曹洞宗を中心に伝わりました。鎌倉時代以降は、武士や庶民などを中心に禅宗の教えが広まり、全国に禅寺が建てられるようになりました。

メッセージ

「あなたが抱える苦は、自分自身の身体と心の中に存在します。外に出て何かを求める代わりに、まず自分の身体と心に戻って修行を行なってください。心を和らげ、自分の身体をただ感じ、その感覚やメッセージに耳を傾けてください。身体を自然に意識すると、その奥に真の心が観えるでしょう」

智顗《ちぎ》

天台宗の実質的な開祖

PROFILE

別名◉天台大師

キーワード◉整理、智恵の眼

―

多数の経典を体系化した中国の僧

智顗《ちぎ》は、天台宗の実質的な開祖といわれる中国の僧です。隋《ずい》の時代に生まれた智顗は十八歳で出家し、法華経や大智度《だいちど》論《ろん》を学んだ後に、天台山に登って天台教学を確立しました。多数の異なる経典が出回っていた当時の中国では、経典を分類、整理する必要がありました。智顗は釈迦《しゃか》が教えを説いて回った約五十年の間の説法の違いに着目し、諸経典に優劣をつけて優れた経典八つを五つの年代に配分して、釈迦の教えを体系化。そして法華経こそが真実の教えであると諸宗の教学を総合したのが天台教学です。

天台教学は、華厳教学と並んで中国仏教の二大思想として後世に影響していくことになります。智顗の講義が記された著書は多く残されており、中でも『法華《ほっけ》玄義《げんぎ》』『法華文句《ほっけもんぐ》』『摩訶止観《まかしかん》』は「天台三大部」または「法華三大部」といわれ、天台宗の基礎として受け継がれています。

メッセージ

「悟りに至るには、智目とそれに基づいた実践が不可欠です。目的地に無事にたどり着くためには、むやみに彷徨うのではなくまず最初にその位置を見定めて一歩を踏まなければなりません。智恵の眼をもってあなたの道を見極めましょう」

日蓮《にちれん》

釈迦の真意を
法華経に見た僧

PROFILE

別名◉日蓮大菩薩、立正大師神
キーワード◉経の力、真理の預言者

法華経寺（千葉）、久遠寺（山梨）、大石寺（静岡）

弾圧に屈せずに法華経を布教

日蓮《にちれん》は、鎌倉時代の僧で、日蓮宗の開祖です。また、日蓮宗のみならず、法華《ほけ》経《きょう》を重んじる諸宗派から宗祖として崇められています。

日蓮は千葉の貧しい家に生まれ、十二歳で出家。その後、密教や天台宗を学び、禅宗や真言宗の修行もしました。あらゆる宗派の教えを学んだ後に、法華経にこそ釈迦《しゃか》の真意だとして法華経信仰の布教をはじめます。しかし、布教活動を行なう中で、当時主流であり勢いもあった浄土教を真っ向から批判。対立宗教をけなしながら法華経の正しさを強調し、国も法華経の教えに従えば安泰になると主張した『立正安国論《りっしょうあんこくろん》』などによって、鎌倉幕府からも幾度となく弾圧を受けることとなります。しかし日蓮の教えも次第に広まり、日蓮亡き後も弟子が広めていった法華経の教えからは、その後多数の宗派が生まれることになりました。

メッセージ

「真理は、国よりも師よりも親よりも高いものです。真理を一途に求める人にとって、どこに住んでもそこは常に光の輝く都となるのです。極楽浄土はあなたの居るところにあるのです。勇気と憐れみの心をふるい起こして真理を生きてください」

法然《ほうねん》

日本の仏教思想を
根底から変えた僧侶

PROFILE

別名◉光大師、東漸大師、慧成大師、弘覚大師、慈教大師、明照大師、和順大師

キーワード◉念仏

知恩院（京都）、法然寺（京都）、光明寺（京都）、金戒光明寺（京都）、誕生寺（岡山）

既存概念を覆した日本仏教の革命児

法然《ほうねん》は、平安末期から鎌倉初期の日本の僧で、浄土宗の開祖です。美作国《みまさかのくに》（岡山県）で生まれて九歳で仏門に入り、優秀さを認められて比叡山《ひえいざん》に登ります。四十三歳のときに中国の僧、善導《ぜんどう》の教えから「念仏を唱えることで誰もが阿弥陀如来《あみだにょらい》の力に救われる」専修念仏《せんじゅねんぶつ》の真理を見出し、比叡山を下りて念仏の教えを広めるようになります。この一一七五年は、後に浄土宗の立教開宗の年と見なされるようになりました。

法然が生きた平安末期から鎌倉初期は、仏教が貴族階級の保護と反映のために広められていました。「誰でも成仏できる」という法然の考えは、既存仏教の常識を覆すものであり、法然は既存仏教や朝廷からの弾圧を受け、六人の弟子ともども流刑を受けます（承元《じょうげん》の法難）。四国で十ヶ月の流刑生活を送り、赦免の宣旨が下って京都へ戻ったわずか二ヵ月後、法然は弟子たちに『一枚起請文《いちまいきしょうもん》』を残して入滅します。

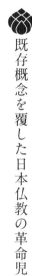

二〇一一年は法然の八百年大遠忌《だいおんき》

浄土宗を開いた法然は、一二一二年に入滅しました。その後、五十年・百年ごとに法然を忍ぶ法要「遠忌《おんき》」（もしくは「御忌」）が行なわれてきました。五百年遠忌の行なわれた一七一一年以降、法然は五十年ごとに新たに大師号を授けられることになっていています。二〇一一年は法然が亡くなって八百年の節目の年で、新たな大師号が与えられるだけでなく、全国の浄土宗寺院において法話会や念仏会、大規模な境内整備など様々な記念事業が開催されました。

貴族のみの仏教から万人の仏教へ

貴族のみを対象にした現世ご利益《りやく》を唱える既存仏教（平安仏教）に疑問を抱き、武士や庶民まで含めた万人のための仏教を目指した法然には、教義のわかりやすさもあり、多くの弟子や信者がつくようになりました。法然による信仰思想の変革と念仏の体系化は、その後の日本仏教の展開に多大な影響を与えることになります。

また、法然と共に各地へ弟子が流刑になったことにより、弟子たちは流刑先で布教活動を行ない、結果的に浄土宗は全国へ広まることになりました。法然が入滅した後にも、法然の教えをそのまま継いで全国に浄土宗を広めた弟子もいれば、法然の教えに独自の解釈を加えて浄土真宗を開くことになった親鸞《しんらん》のような弟子もいました。親鸞が開いた浄土真宗の中で法然は七高僧の第七祖として元祖《がんそ》に位置づけられており、今日も崇拝されています。

メッセージ

「すべてを照らす仏の光明は、空間と時間の制約を受けません。あなたが仏の姿や徳を心中に思い浮かべ、その名を唱えるとき、その瞬間に無限の光、無限の寿命をもつ仏の光を体験することができます。すべての闇や恐れを打ち砕き、あなたの真理の道を照ら光明はあなたの心に宿るのです」

良源《りょうげん》

厄除《やくよ》け大師として
知られる僧侶

PROFILE

別名⦿慈恵大師、元三大師、角大師
キーワード⦿厄除け、祈り

惣宗寺（栃木）、延暦寺（滋賀）

比叡山の地位を確立

良源《りょうげん》は、平安中期の天台宗の僧で、「厄除け大使」として信仰を集めています。また、おみくじの原型を作ったともいわれています。天台宗の本山寺院である比《ひ》叡山延暦寺《えいざんえんりゃくじ》で天台宗の最高責任者、第十八世座主《ざす》を務め、大きな功績を残したことから、比叡山中興の祖と呼ばれています。具体的には、焼失した堂塔の再建や『二十六箇条起請《にじゅうろっかじょうきしょう》』の布告による寺内の規律維持、議論の場を設けることによる学業の発展などに尽くしました。

良源は近江国《おうみのくに》で生まれ、十二歳で仏門に入りました。弟子としての身分は高くなかったものの、法論でほかの高僧を論破したり、村上天皇の皇后の安産祈願を行なったりして、頭角を現わすようになり座主まで登りつめました。「慈恵大師《じえだいし》像《ぞう》」と呼ばれる良源の肖像彫刻のほとんどは吊り目の厳しい表情で、数珠と独鈷《どっこ》杵《しょ》を持っています。

メッセージ

「悟りを得るためには、厳しい行も、特別な知識も、功徳の行為も必要ありません。ただ、純粋にそれを信じるあなた自身の心の中に悟りの真理が見出されるのです。心を空にして祈りを続けるとき、あなたの浄土に導かれるでしょう」

Column
06

精進料理と仏教

仏教の教えから生まれた修行僧の料理は現代人の食生活にピッタリのヘルシーフード

健 康志向の中で、肉類や乳製品を使わない精進料理《しょうじんりょうり》が人気を呼んでいます。仏教用語で精進とは、ひたすら修行に励むという意味。邪念を捨てて仏の道を歩む「精進する」という言葉から、修行僧の食べる「精進料理」となったわけです。

精進料理には、「生き物を殺さない」という、仏教徒が守るべき基本的なルールが生かされているため、肉類や魚介類だけでなく、卵や乳製品も使わず、穀物、豆類、そして野菜のみを材料とします。また、野菜でも、ニンニクやにらなど臭いの強いものは使いません。

食材を白（米、麦などの穀類）、赤（小豆など）、黄（根菜類）、緑（葉菜類）、黒（きのこや海草類）と五色に分けて、バランスよく調理する点もヘルシー。素材のもち味を活かす「淡味《たんみ》」をベースに、苦み、酸味、甘味、辛味、鹹味《かんみ》（塩辛い）の六味の味付けで調理します。

「美食を戒め粗食に徹す」究極のスローフードで、仏教の心を味わってみてはいかがでしょう。

第三部　仏様と出会うために

座禅で無の境地を味わう～座禅の組み方～

姿勢、呼吸、心を整えることにより、精神を統一し、自分自身の心を見つめるワークです。頭と心が空っぽになったとき、真理が見えてくるでしょう。

1 合掌

両手を胸の前で合わせ、身体から少し離します。指先は鼻の高さに合わせましょう。

2 座る

結跏趺坐《けっかふざ》…半分に折った座布団の上に腰を下ろし、左腿の上に右足を深く乗せ

1

ます。次に左足を右腿の上に乗せ、お尻と両膝の三点で身体をささえて座ります。

半跏趺坐《はんかふざ》…結跏趺坐ができない人はこの方法で足を組みましょう。半分に折った座布団の上に腰を下ろし、右腿の上に左足を深く乗せます。右足は自然に身体に沿わせ、お尻と両膝の三点で身体をささえて座ります。

3 手を組む

右手を上に向けて足の上に置き、その上に左手を重ね、両手の親指の先が軽く触れるようにします。親指は押さな

2

結跏趺坐

半跏趺坐

上体を左右に動かして、
落ち着く場所を見つけましょう

いように、そして決して離さないようにしましょう。

4 身体を整える

目は自然のまま開き、視線は約45度の角度で約1メートル先におとします。目を閉じないようにし、視線を安定させましょう。

5 呼吸を整える

鼻から深く吸い込み、口から徐々に吐きます。これを数回繰り返した後、鼻から自然に呼吸をします。

3

この手の形を法界定印といい、心はこの中におくようにします

6 呼吸を整える

頭と心を空っぽにしましょう。様々な音や香り、心に浮かぶ思いにとらわれないようにします。はじめは難しいかもしれませんが、だんだん気持ちが落ち着いてくるでしょう。

7 終了

静かに合掌し、両手のひらを上に向けて膝に置き、深呼吸します。ゆっくりと足を解いて立ち上がり、終了します。

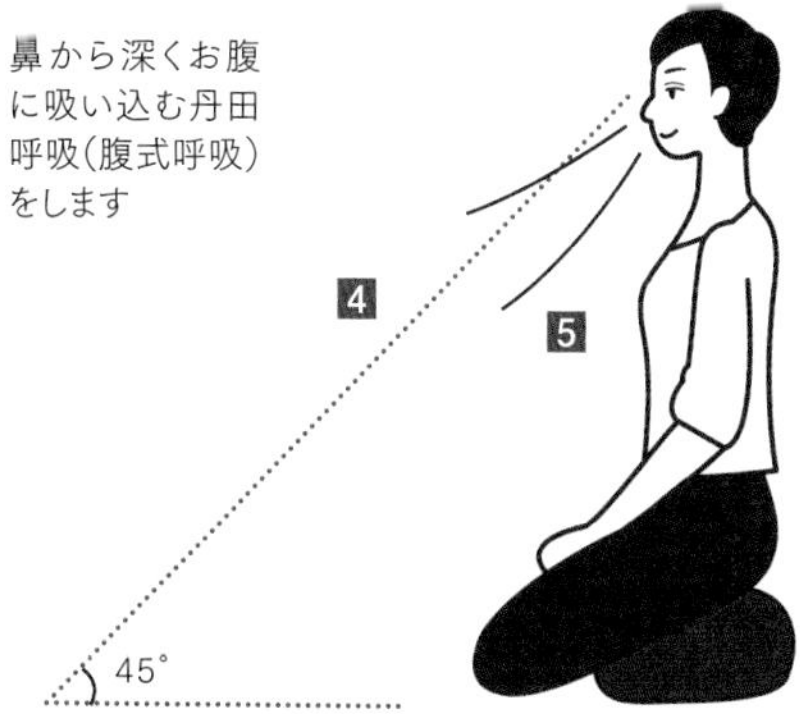

鼻から深くお腹に吸い込む丹田呼吸（腹式呼吸）をします

仏様とつながる呼吸法～数息観《すうそくかん》～

数息観は呼吸に意識を集中させることで、精神を安定させて入静の状態に導く座禅の基本的な呼吸法です。

1　準備

身体を締め付けないように、ベルトなどをゆるめ、腕時計や装飾品をはずします。

2　姿勢

①…足の裏が床につくように腰かけます。ひざとひざの間は軽くあけて、足

は投げ出さないようにしましょう。
※座式で行なうのが一般的ですが、立式、あおむけのどれでもできます。

②…腰を少し前に押しやるような気持ちでお腹に軽く力を入れ、首筋をのばし、背筋をまっすぐ立てます。

3 手の位置

肩の力をぬいて両手を軽くかさね、へその下あたりに置きます。

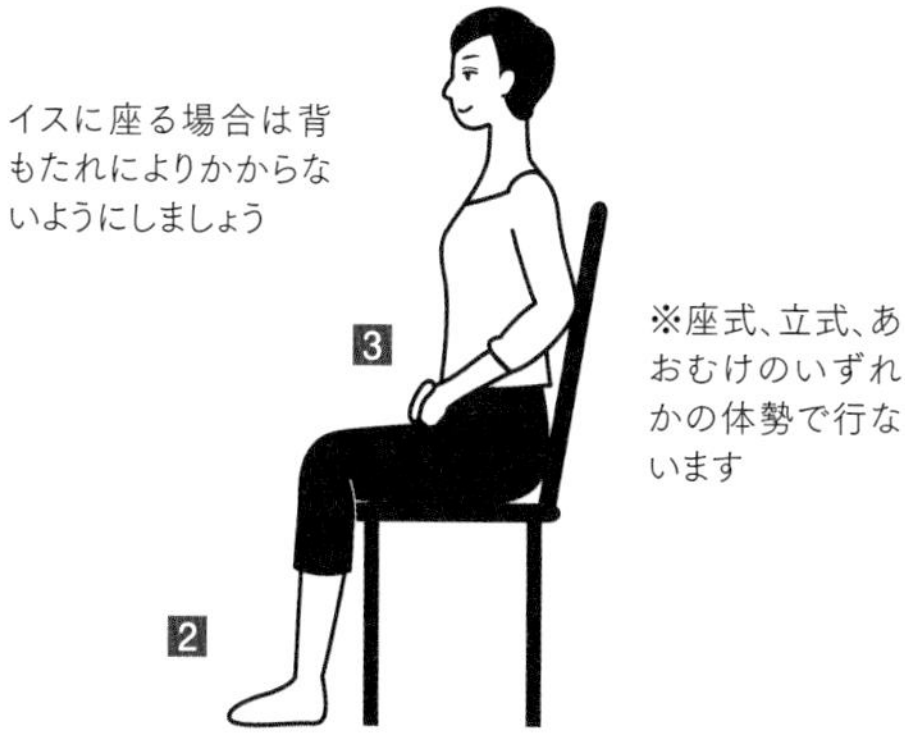

イスに座る場合は背もたれによりかからないようにしましょう
3
※座式、立式、あおむけのいずれかの体勢で行ないます
2

4　状態を整える

口は軽く閉じて、舌を上顎につけます。目を半分閉じて視線を45度下方に向けます。

5　呼吸

できるだけ静かに呼吸をし、ゆっくりと息を吐きながら「ひとーー」、ゆっくり吸いながら「つーー」と「1」を数えます。同様に、ゆっくりと呼吸を続けながら「2」〜「10」まで数え終わったら、再び「1」から数えなおします。

6 反復

しばらくそれを繰り返します。呼吸を繰り返すうちに次第に雑念が消え、無の境地に近づいていきます。

※このとき、心に仏様の名前が思い浮かんできたら、その仏様の声に耳を傾けてみましょう。

7 終了

集中力が切れて意識が戻ってきたら、ゆっくりと呼吸を通常に戻し、目をあけて身体に意識を戻します。

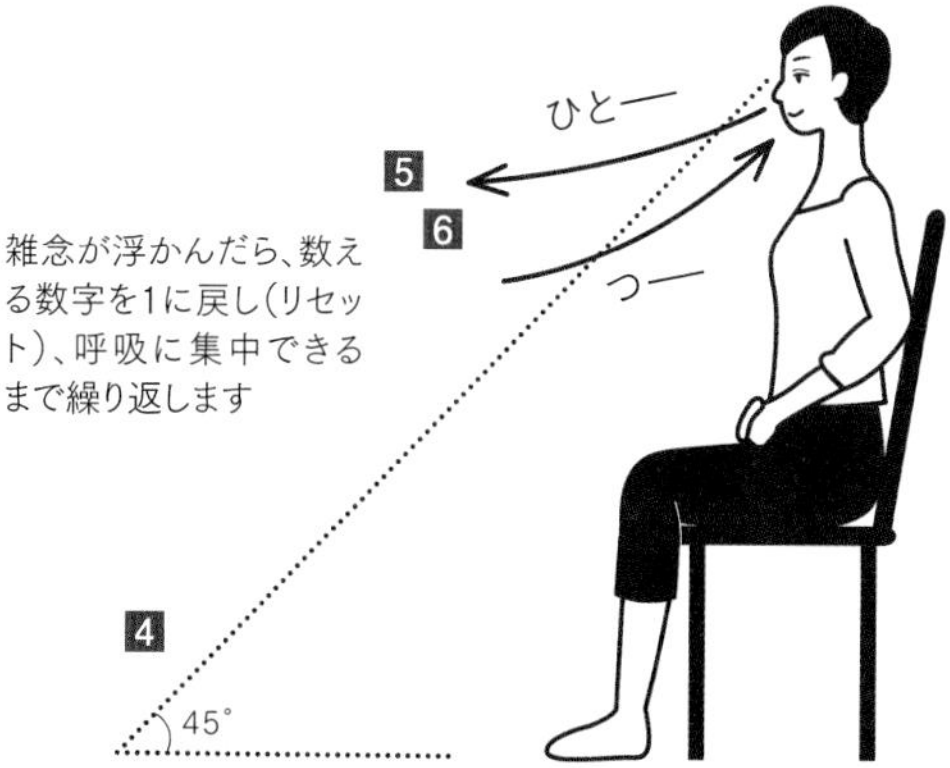

ひとー
5
6
つー
雑念が浮かんだら、数える数字を1に戻し(リセット)、呼吸に集中できるまで繰り返します
4
45°

守護本尊と出会う瞑想法

守護本尊は生まれた干支で決まっていて、一生護ってもらえるありがたい仏様。あなたの守護本尊と繋がってメッセージを受け取りましょう。

1　自分の守護本尊を知る

247ページの表から自分の守護本尊を探してみましょう。

2　準備と呼吸

240〜243ページの1〜6を参考に瞑想の準備をして「数息観《すうそくかん》」の呼吸法をしていきます。

3　名前を呼ぶ

雑念が消えてきたところで自分の守護本尊を思い浮かべ、心の中で名前を3回と唱えてください。

4　真言を唱える

深い呼吸をし、意識をハートにおきながら、守護本尊の真言を7回唱えてみましょう。

「数息観」で精神を整えてから行ないましょう

5　ご本尊のエネルギーを感じる

目を閉じてゆっくりとした呼吸をして、守護本尊のエネルギーを感じます。

※エネルギーの感じ方は温度や感覚など人それぞれです。エネルギーがよくわからない場合は、守護本尊がそこにいるとイメージするだけでも大丈夫です。

6　メッセージをもらう

守護本尊のエネルギーを感じたら、メッセージを下さいとお願いしたり、聞きたい質問を頭に浮かべて守護本尊に聞いてみましょう。

※ヒーリングエネルギーが欲しいときは、質問ではなく「○○を癒してください」とお願いします。

7 終了

守護本尊のエネルギーを感じたり、メッセージをもらったら、お礼をいい、3回深呼吸をして、ゆっくりと身体に意識を戻して目を開けます。

干支と守護本尊

守護本尊	干支	真言
千手観音菩薩《せんじゅかんのんぼさつ》	子	オン・バサラ・ダルマ・キリク・ソワカ
虚空蔵菩薩《こくうぞうぼさつ》	丑 寅	オン・バザラ・アラタンノー・オン・タラク・ソワカ
文殊菩薩《もんじゅぼさつ》	卯	オン・アラハシャ・ノゥ
普賢菩薩《ふげんぼさつ》	辰 巳	オン・サンマヤ・サトバン
勢至菩薩《せいしぼさつ》	午	オン・サンザ・ンザン・サク・ソワカ
大日如来《だいにちにょらい》	未 申	オン・バザラ・ダト・バン
不動明王《ふどうみょうおう》	酉	ナウマク・サマンダ・バザラ・ダン・カン
阿弥陀如来《あみだにょらい》	戌 亥	オン・アミリタ・テイゼイ・カラ・ウン

五十音索引

な

は

おわりに

昨今は空前の仏様ブーム。仏像展や秘仏開帳に老若男女が押し寄せる時代です。この背景には、社会情勢への不安により、精神的な拠り所、安らぎを、仏像鑑賞、またはお寺という静寂な空間に求める事情があるのかもしれません。

理由はともあれ、様々な世代の方々が、再び仏様や仏教に触れ合うことで「心の癒し」や「自分自身を見つめる」機会を得ること。それこそが、この不安定な時代に救いをもたらす仏たちの慈悲深き計らいなのではないでしょうか。

今回もこの本を作るにあたって、たくさんの仏様の情報やエネルギーと関わらせていただきました。そして、その奥深さと親しみやすさ、そして厳しくもその懐の深さに触れさせていただき、本当に有意義な体験をさせていただきました。

仏様を知ることは、ほかならぬ自分自身を知ることでもあります。そしてそのエネルギーに触れることで、それぞれが自身の在り方を再確認し、多くの慈悲を見いだすこととなるでしょう。

この経験を、この本を通してたくさんの方々と分かち合えることを、心より願っています。

最後になりましたが、今回もこの本を作るにあたり、多くの方々に協力していただきました。膨大な情報を根気よくまとめてくださったライターの方々、そして今回も素敵なイラストを描き起こしてくださった中川学さん、編集&制作チームのスタッフおよび出版社の担当さん。そして、この本のために力と根気を与えてくださった、高次元の仏様たち……。

この本の制作に携わっていただきました、すべての存在に心より感謝いたします。

CR&LF 研究所/スタッフ一同

■参考文献一覧

『あなたを守る菩薩と如来と明王がわかる本』瓜生 中（PHP研究所）

『岩波 仏教辞典』中村 元、福永 光司、田村 芳朗、今野 達、末木 文美士（岩波書店）

『大人のための仏教塾』横山 良哲（明治書院）

『史上最強 図解 仏教入門』保坂 俊司（ナツメ社）

『新装版 図解 密教のすべて』花山 勝友（PHP 研究所）

『図説 あらすじでわかる！ 日本の仏』速水 侑 監修（青春出版社）

『図解 宗教史』（成美堂出版）

『図解 仏像がわかる事典』谷 敏朗（日本実業出版社）

『仏教・神道・儒教 集中講座』井沢 元彦（徳間書店）

『仏教のことが面白いほどわかる本』田中 治郎（中経出版）

『密教曼荼羅 如来・菩薩・明王・天』久保田 悠羅、F.E.A.R.（新紀元社）

■CR&LF 研究所
Creative Room & Life Facilitation lab.

クリエイティブ、食、健康、スピリチュアル、ライフスタイル、投資など、ジャンルの垣根を越えて活躍する女性を中心としたスペシャリスト集団。ビジネスとライフワークの融合をはかりながら、常に新しいライフスタイルやコンテンツの研究、開発、提案を行っています。

【主な活動内容】
出版&ビジネスプロデュース／コンテンツ企画制作／女性のためのライフマネジメント研究／商品開発／イベント企画／コンサルティング etc...
【代表】津久井 孝江（月音）
【ホームページ】http://crlf.tsukine.love

■STAFF

ブックデザイン	松崎 理江（VAriant design）
イラスト	中川 学（visiontrack.jp）
企画・構成	津久井 孝江
執筆	土田 みき、津久井 孝江（月音）、高橋 祐子、前田 有香
編集	成田 晴香

本書は『幸せへと導く仏様事典』（２０１０年９月／小社刊）を再編集し、文庫化したものです。

マイナビ文庫

幸せへと導く仏様事典

2021年2月20日　初版第1刷発行

編著者　CR&LF研究所
発行者　滝口直樹
発行所　株式会社マイナビ出版
〒101-0003 東京都千代田区一ツ橋2-6-3 一ツ橋ビル2F
TEL 0480-38-6872（注文専用ダイヤル）
TEL 03-3556-2731（販売）／TEL 03-3556-2735（編集）
E-mail pc-books@mynavi.jp
URL https://book.mynavi.jp

カバーデザイン　米谷テツヤ（PASS）
DTP　木下雄介
印刷・製本　図書印刷株式会社

ISBN978-4-8399-7584-5
Printed in Japan